REACTIVAR EL SENTIDO COMÚN

Isabelle Stengers

REACTIVAR
EL SENTIDO COMÚN

Whitehead en tiempos de debacle
y negacionismo

NED ediciones

Título original en francés:
Réactiver le sens commun
© Éditions La Découverte, París, 2020

© De la traducción: Diego Milos
© De la imagen de cubierta: Alsky
Cubierta: Juan Pablo Venditti

Derechos reservados para todas las ediciones en castellano en territorio español

© Ned ediciones, 2022

Preimpresión: Moelmo SCP
www.moelmo.com

ISBN: 978-84-18273-31-5
Depósito legal: B 1113-2022

Impreso en Podiprint
Impreso en España
Printed in Spain

Ned Ediciones
www.nedediciones.com

Índice

Para Fleur Courtois-l'Heureux, Didier Debaise, Didier Demorcy, Vinciane Despret, David Jamar, que tengo la suerte de tener de amigos/as, fuentes de ideas y de inspiración, lectores exigentes. Para el GECo, donde se cultiva la alegría de pensar, aun en tiempos de debacle.

Prólogo

UN LIBRO ES como una botella lanzada al mar. No debiera una volver a apropiárselo y trabajarlo después de su publicación. No se debiera volver a abrir la faena. Pero es lo que he intentado aquí. *Reactivar el sentido común* no es una versión enriquecida o actualizada de *Whitehead et les ruminations du sens commun* (*Whitehead y las rumias del sentido común*), publicado en 2017 por Les presses du réel. Es una versión que llamaría «rearticulada», de regreso a mis manos sin la excusa de nuevos elementos que justifiquen una revisión. No reniego de la primera versión, pero me hizo sentir que habría podido, o debido, ser hecha de otra manera, y fue ese el llamado que respondí.

Si tenté este ejercicio fue entonces porque algo como un lamento procedente de la botella lanzada a su destino me puso otra vez a trabajar. Algunos pasajes del libro se sentían incómodos donde estaban situados y temían que el lector, al no ver qué hacían allí, se los saltara y siguiera adelante. Hasta Whitehead se preguntaba qué era lo que le buscaba, por qué lo arrastraba yo sobre terrenos que él nunca había frecuentado. Esos diversos lamentos encontraron un poderoso intérprete en Bruno Latour, quien me reprochó haberme dejado llevar escribiendo de manera soñadora para los amigos, para aquellos y aquellas que, indulgentes, sonríen, comprenden y perdonan. No es que haya que escribir para los enemigos o para los indiferentes, hay que «escribir», es decir agenciar algo que tenga su propia manera de sostenerse, su propia voz. No la voz del autor, una voz generada por aquello que el texto, al escribirse, ha hecho al autor.

Sabía que una parte importante del texto «se sostenía» de ese modo, pero otras partes no, y lo hacían cojear. Traducían ya sea el influjo del proyecto sobre el proceso de escritura —yo quiero hacer este desarrollo y lo quiero «allí»—, ya sea una perspectiva nacida de la escritura, pero que yo había rechazado aceptar que exigía de mí irrigar lo ya escrito. Bruno Latour tenía razón: escribir para los amigos es contar con su indulgencia, y eso significa ante todo que se ha sido indulgente con una misma. O bien demasiado inquieta, demasiado preocupada por el cambio de posición que se me pedía: ya no «pensar con Whitehead», como había intentado antes, sino hacer la apuesta de compartir la manera en que Whitehead puede permitir —me permitió— aprehender nuestra época, que él no conoció, en algunos de sus aspectos. Es decir, y ahí está lo inquietante, compartir también esta aprehensión en sí misma, en su carácter intrínsecamente parcelado y parcial.

Rearticular, vale decir darle a los temas que sentía mal abordados una nueva vecindad, y percibir la manera en que esa vecindad reclamaba entonces ser modificada, lo que significaba pasar por alto esa inquietud, dejársela a quien la escribió y hacer acto de lealtad hacia lo que fue escrito. Es por ello que, con una sola excepción, no agregué temas nuevos, recompuse el «mismo» libro pero de otra manera.

Por supuesto, esto no habría sido posible si dos casas editoriales no hubieran aceptado acompañarme en esta reanudación muy poco conforme a las costumbres. Agradezco a Les presses du réel por haber cedido los derechos de la versión original de este libro y a La Découverte por haber recibido esta versión rearticulada.

Capítulo 1
La cuestión del sentido común

¿La filosofía frente a la ignorancia?

Los ciudadanos de Atenas no sabían que Sócrates los presentaría como aquello que por contraste permitiría justificar esa extraña aventura desde entonces llamada filosofía. Yo misma quedé sorprendida al ver que el filósofo radicalmente atípico Alfred North Whitehead hacía suya esa cita formidablemente típica sobre los orígenes:

«Sócrates pasó su vida analizando las presuposiciones corrientes del mundo de Atenas. Reconoció explícitamente que su filosofía era una actitud frente a la ignorancia».[1][2]

Decidí darle a la sorpresa el poder de ponerme a trabajar. No es que sea una cita en sí misma notable, hay muchas así en los textos de Whitehead, y corresponde a cada lectura decidirse ante sus palabras, ya sea para desestimarlas, sonreír y pasar a la frase siguiente o bien para detenerse y dejarse intrigar.

Al inicio, cuando imaginaba a los ciudadanos de Atenas tomados de sorpresa por las extrañas preguntas de Sócrates, no pude evitar pensar en esos afiches que vi una vez en un pasillo del edificio de la Comisión Europea, donde se reunían los funcionarios encargados de

---

[1] Alfred North Whitehead, *Modes de pensée* (en adelante MP), Vrin, París, 2004, p. 191 (ingl. pp. 173-174, *Modes of Thought*, The Free Press, Nueva York, 1966 [1938]).

[2] N. del T.: Todas las citas han sido traducidas desde el francés. Para las de Whitehead, hemos agregado en las notas entre paréntesis el número de página de las versiones en español (esp.) o inglés (ingl.) para facilitar la confrontación con otras traducciones de la obra whiteheadiana o con la versión original.

los asuntos de «ciencia y sociedad». Esos afiches reproducían los resultados de encuestas de opinión sobre lo que piensan de «la ciencia» los ciudadanos europeos y que, por la absurdidad de las opiniones vertidas, parecían estar allí para recordarles la actitud que conviene tener cuando hay que tratar con un rebaño de inveterados ignorantes, a los cuales hay que hacer como si se los respetara, pero que ante todo hay que gestionar (por su propio bien, desde luego).

Los encuestadores, es sabido, cuentan con el hecho de que lo que llaman amablemente el «ciudadano promedio» acepta responder preguntas por las cuales no ha tenido la oportunidad de interesarse y no se pregunta a qué juego se lo está haciendo jugar. La actividad de los encuestadores depende de la debilidad de los otros para entramparlos inescrupulosamente, lo que hace de ellos unos simples estafadores. Sócrates, por supuesto, no era un estafador. Él se esforzaba en convencer a los ciudadanos que interpelaba de la ignorancia que atestiguaban sus respuestas. Era otra actitud. «Una actitud», escribe Whitehead, y es ese término el que aquí adquiere importancia. La de Sócrates es en sí misma un tema filosófico: hay varios Sócrates posibles, varias lecturas de su «actitud frente la ignorancia», y, por tanto, varias figuras para los comienzos de la filosofía. Está el Sócrates maestro de las aporías, que pretende no tener ninguna respuesta, que solo busca hacer confrontar a sus interlocutores con la dificultad, tal vez insuperable, de formular una respuesta. Es el que se sabe ignorante. Luego está el Sócrates maestro de Platón, para quien la aporía es una forma de propedéutica que prepara a los ciudadanos a acoger un saber que trasciende las respuestas divergentes que proponen. Es el inventor de la filosofía como pacificadora de las discordias, la que da a la ciudad su orientación hacia el bien, lo justo y lo bello verdaderos, más allá de las ilusiones. Y, por fin, está el Sócrates condenado por ser el envenenador de la paz pública, al infundir la duda. Condena que tal vez habría ratificado Wittgenstein, el anti-Sócrates que pasó su vida interpelando, no a los ciudadanos ordinarios, sino a sus colegas filósofos, acusados de propagar la enfermedad de los falsos problemas.

Puede haber varios Sócrates posibles, pero él se dirige siempre a ciudadanos «ignorantes» que, solicitados a definir lo verdadero, lo justo o el coraje, proponen casos, muestras que producen definiciones divergentes, como es fácil demostrar. Sócrates, «el que sabe que no sabe», los despierta como un pez torpedo e intenta compartir con ellos su único privilegio. Y se puede decir también que los pasma, los deja estúpidos, convencidos de su incapacidad de saber lo que dicen y dispuestos a entregarse al filósofo que los va a guiar, y que los confronta a un desafío que también es una trampa. Las palabras no «quieren decir nada» independientemente de su uso, el cual refiere siempre a un juego de lenguaje particular. Los ciudadanos de Atenas no eran ignorantes. Sabían todo lo que tenían que saber.

¿Cuál sería la actitud de Whitehead en las calles de Atenas? En *Modos de pensamiento*, hace el elogio de la práctica de «ensamblaje», retomada una y otra vez de época en época, a la cual asocia lo que es propio de la filosofía: «No puede excluir nada».[3] Esto cambia bastante las cosas. Ninguna de las diferentes respuestas que recoja la filosofía, por divergentes o parciales que sean, será descalificada ni reducida a testimonio de la ignorancia del interlocutor. Todas forman parte de un ensamblaje que pone al filósofo a trabajar y que tiene el carácter de lo *problemático*: no un problema a resolver, en el que una eventual buena respuesta se impondría frente a las demás, sino un paisaje que puede ser compartido bajo el signo de una perplejidad activada por el filósofo. Si Sócrates no se hubiera puesto en el lugar del árbitro, que juzga y excluye, tal vez podría haber hecho de la divergencia que revelaban sus solicitudes de definición un asunto de preocupación colectiva y haber acogido la perplejidad que suscitó no como un síntoma, sino como una cuestión compartida con lo que Whitehead llama el «sentido común».

«El sentido común, que rumia [*brooding over*] los aspectos de la existencia, (los) pone en manos de la filosofía para que los elucide dándoles una comprensión coherente».[4]

Tenemos aquí una figura de la ignorancia muy diferente. Los ciudadanos «despertados» por Sócrates no han abandonado, como si no tuvieran valor, sus primeras proposiciones. La interpelación de Sócrates los habría tomado de sorpresa. Sabrían que se dejaron

---

[3] MP, p. 26. (esp., p. 11, *Modos de pensamiento*, Losada, Buenos Aires, 1944 [1938], traducción de Joaquín Xirau).
[4] MP, p. 72 (esp., p. 65).

sorprender por una pregunta inusitada y que, en ese sentido, su
«ignorancia» quedaría demostrada. Pero el saber del cual sus proposiciones dan testimonio no habría sido anulado, aunque su expresión
se revelara parcial. Hay que imaginar a un Sócrates que necesite que
los ciudadanos de Atenas puedan rumiar, que acepten no otorgarles
autoridad a los lugares comunes que amueblan el pensamiento corriente, pero sin que por ello dejen de estar dispuestos a renegar de
los aspectos de la existencia que sus proposiciones hacen que importe. Por el contrario, su rumia debiera activar ese sentido de la importancia, vincularla con un aspecto de la existencia, perteneciente a la
existencia en sí misma, irreductible a lo que nos hemos acostumbrado a despachar a la relatividad de lo «subjetivo».

Whitehead se prohibirá usar la divergencia entre las respuestas
para negar su valor. «La actitud filosófica es una tentativa de ensan-
char el campo de aplicación de toda noción que haya entrado en el
pensamiento corriente. El esfuerzo filosófico toma cada palabra y cada
giro de la expresión verbal del pensamiento, y se pregunta: ¿qué es lo
que esto significa?».[5] En *Modos de pensamiento*, Whitehead buscará
activar las palabras sin cesar, resumergirlas en situaciones que perte-
nezcan a la experiencia corriente de un modo tal que esa experiencia
no permita definirlas, sino que reciba el poder de engancharlas en una
aventura «especulativa». Ahí no hay metáforas ni tampoco sentido
literal: de lo que se trata es de dramatizar aquello que damos por sentado cuando decimos algo, el despliegue un poco vertiginoso de lo
que presupone y afirma el enunciado más límpido y rutinario una vez
que deja de ser reducido a «un» enunciado y es concebido como
«ese» enunciado, siempre comprometido en «esa» situación y que
responde a «ese» modo de compromiso en la situación.

«La filosofía comienza en el asombro (*wonder*). A término, cuando el
pensamiento filosófico ha hecho lo mejor que pudo, el asombro permanece. Le habrá agregado, no obstante, una cierta comprensión [*grasp*]
de la inmensidad de las cosas y cierta purificación de la emoción gracias a la comprensión».[6]

[5] MP, p. 189 (ingl., pp. 171-172).
[6] MP, p. 186 (ingl., pp. 168-179).

Cuando el pensamiento filosófico hace lo mejor que puede, el sentido de la palabra «asombro» cambia un poco. Al inicio, significaba perplejidad ante una multiplicidad discordante de significaciones que piden una elucidación. Lo que permanece, después de que el filósofo se esmeró en «comprender», está más cerca del asombro ante lo que atestigua cada aspecto de la existencia. La respuesta de la filosofía al sentido común que rumia no erradicará, por medio de selección o jerarquía, la discordancia, y no la pacificará tampoco asignándole a cada aspecto de la existencia un territorio cuidadosamente delimitado. Tales soluciones no suscitan asombro, sino más bien la triste aceptación de una finitud que nos aboca a pensar bajo vigilancia. Triunfo de la crítica:

> «La fuerza de la escuela crítica reside en el hecho de que la doctrina de la evolución no entró nunca, en un sentido radical, en la erudición antigua. De allí proviene la presuposición de la fijeza de la especificación del espíritu humano; el esqueleto de esa especificación es el diccionario».[7]

Si los ciudadanos de Atenas hubieran estado armados de un diccionario —que diera una respuesta fija, definiera las reglas de buen uso o trazase filológicamente la evolución más o menos arbitraria de una significación—, habrían podido responder a las preguntas de Sócrates como en la escuela, es decir, de un modo que los habría protegido de toda perplejidad y de cualquier captación de la inmensidad de las cosas. Poder responder a la pregunta de Sócrates, «¿qué es?», poder definir lo que queremos decir cuando decimos «valor», «bien», «justicia», es producir enunciados esqueléticos, separados de su carne sensible, blanda y corruptible. El sueño del diccionario ideal, que extraería solo aquello que resiste a la crítica, no despejaría lo que supuestamente pertenece al espíritu humano en tanto tal, independiente de las sensibilidades cambiantes y divergentes. Eliminador de lo que remite a las pasiones, a las apariencias, a las circunstancias, ese espíritu no sería para Whitehead otra cosa que un autómata, incapaz de equivocarse, pero también de comprender. Lo que resiste a la crítica no son más que «abstracciones muertas» que se aceptan

---

[7] MP, p. 191 (ingl., p. 173).

de manera pasiva porque no suscitan ninguna puesta en movimiento del pensamiento ni de la imaginación.

Aceptar la doctrina de la evolución en un sentido radical sería, por el contrario, aceptar una forma de empirismo que abrace el cambio como algo primordial. La evolución no es productora de especies fijas. Las que llamamos especies, incluida la que llamamos humana, no poseen otra verdad que la estabilidad relativa de algunos rasgos que nos permiten caracterizarlas y clasificarlas, pero no nos permiten comprender lo que pueden esas realidades individuales así identificadas. Y eso significa aceptar abandonar la idea de que el pensamiento necesita referencias fijas para escapar de la confusión o de lo arbitrario. Y por lo tanto, es quitarle su poder a la crítica cuando pide cuentas, exige garantías y persigue lo que ella llama creencias. Para Whitehead no existe «especie humana» con identidad fija, ni tampoco una definición estable del sentido común en la cual fuera posible fundar un consenso ni, a la inversa, a la que habría que resistir.

No se trata aquí de definir el sentido común ni de concebir una «filosofía del sentido común», ni tampoco de hacer de este un atributo humano. Whitehead hizo con el sentido común una condición para la filosofía. Es una condición, porque, así entendida, la filosofía debe rechazar la libertad a la que se abocan los pensamientos especializados que expulsan o excluyen lo que es incompatible con sus presupuestos y que, llegado el caso, se glorifican de «escandalizar al sentido común». Respetar una condición no es respetar un límite, es rechazar una facilidad. Y la facilidad aquí sería aceptar una variabilidad sin reto, relegar la pregunta «qué es lo que esto significa» a lo arbitrario, a lo que es objeto de simple constatación. Su divisa es la palabra aventura, y lo propio de la filosofía es consentir a la aventura, participar. La filosofía, según Whitehead, tiene por tarea «soldar el sentido común con la imaginación».[8]

La originalidad de Whitehead como filósofo se ubica así en su relación especulativa con el sentido común. Y no es solamente una condición, es un reto. El sentido común, para poder soldarse con la imaginación, debe ser capaz de rumiar, es decir, no dejarse manejar,

---

[8] Alfred North Whitehead, *Procès et réalité* (en adelante PR), Gallimard, París, 1995 [1929], p. 67 (esp., p. 35, *Proceso y realidad*, Losada, Buenos Aires, 1956, traducción de J. Rovira Armengol).

no aceptar con docilidad la descalificación de lo que le importa. No puede ser reducido a aquello de lo que hablan los filósofos, lo que definen, lo que hacen que tenga un rol en el pensamiento, ya sea un rol de autoridad o bien de contraste. Pero la posibilidad de soldar —Whitehead usa el verbo *to weld*, que implica una verdadera operación metalúrgica— es especulativa, su reto es una aventura —no el progreso— e implica que la filosofía debe, no traer una respuesta por fin satisfactoria a las rumias del sentido común, sino alimentar lo que hace rumiar. Es esa su «actitud» en relación con la ignorancia que Sócrates hace admitir a los habitantes de Atenas. Frente a la inmensidad de las cosas, la ignorancia es un acervo común. Se trata más bien de osar imaginar aquello que insiste sordamente, que hace rumiar y que, a pesar de las garantías de los saberes especializados, expresa «una cierta comprensión» de la inmensidad de las cosas, aun si no sabemos «decirla bien».

La derrota del sentido común

La tarea que Whitehead le propuso a la filosofía —soldar el sentido común con la imaginación— comunica directamente con lo que él consideraba la debilidad peligrosa y tal vez letal del mundo moderno. Las teorías modernas se glorifican de descalificar el sentido común, de convencerlo de remitirse a la autoridad de «los que saben». La tarea de la filosofía se puede decir «reactivar el sentido común», ya que lo que conocemos no es más que el sentido común tal y como ha sido derrotado.[9]

Hay no pocas maneras de narrar esta derrota. Algunas son políticas. Gilles Deleuze propuso que entre la izquierda y la derecha existe una diferencia no de sensibilidad ni de prioridad, sino de naturaleza: mientras la izquierda necesita, vitalmente, que la gente piense, la derecha requiere que acepten una formulación de los problemas que viene de afuera, que se conformen con un orden de cosas autoevidente. Deshacer el sentido común remite a volver impotente la

---

[9] N. del T.: En el original «*défait*», que significa 'deshecho', pero también 'derrotado', que, a su vez, deriva de *défaite*, 'derrota', cuya raíz etimológica se traduciría como 'fuga del ejército', 'desbandada', 'rompimiento de filas', 'desarticulación'.

rumia, a separarla de cualquier capacidad de objetar en contra del orden de cosas, a reducirla a un imaginario quejumbroso que sueña, en el mejor de los casos, con un mundo en el que «la gente» no fuera tan egoísta, irresponsable, influenciable.

Sin embargo, para parafrasear a Leibniz,[10] aun si en todo hay política, no todo puede ser reducido a un registro «puramente político». O, al menos, no antes de que la pregunta tenga los medios de plantearse efectivamente de esa manera, ni de que el registro político mismo se haya vuelto capaz de hacerse cargo de una proposición como la de Deleuze, es decir, traducir también a sus propios términos lo que significa «soldar la imaginación y el sentido común». No hay lugar aquí para pequeños ahorros. Para muchos, la proposición no tendrá ningún sentido, o entonces la entenderán inmediatamente como un llamado a plegar la imaginación a las condiciones impuestas por un sentido común que habría que respetar.

Entonces, qué responder a la protesta del físico: ¡pero si hubiera que «respetar al sentido común», ni la relatividad einsteniana ni la mecánica cuántica habrían nacido! ¡Y Galileo! ¿Cómo hubiera podido convencer a la gente de que la Tierra está en movimiento sin que lo perciba? Mala jugada, la segunda: si Galileo publicó su *Diálogo sobre los dos grandes sistemas del mundo* en italiano, y no en latín, y si confirió a un aficionado lúcido, Sagredo, el cargo de árbitro en su polémica con Simplicio, representante de sus adversarios, fue precisamente porque apostaba por la alianza con el sentido común en contra de la autoridad. El caso es que las cosas cambiaron efectivamente al comenzar el siglo XX:[11] será la física la que ejercerá la autoridad, una autoridad que desde entonces se definirá como «revolucionaria», al destruir las certezas de lo que fue caracterizado correlativamente como sentido común.

Extraña situación, hay que subrayarlo, pues para que la física se definiera en contra del sentido común primero tuvo que definirlo por su cuenta. En un extraño truco de manos, las certezas que le atribuye al sentido común son las que usualmente caracterizan una visión «mecanicista» del mundo previo a las revoluciones. En otros términos,

[10] Leibniz: hay vida en todo, pero no todo está vivo.
[11] Bernadette Bensaude-Vincent, *L'Opinion publique et la Science*, reedición con postfacio inédito, La Découverte, París, 2013.

hubo que convencer a «la gente» de que piensa «naturalmente» en términos de la física definida desde entonces como clásica, que por ejemplo había adherido siempre a la idea de una «realidad física» constituida por partículas en movimiento, caracterizadas cada una por una posición y una velocidad bien determinadas. Se necesitó mucha pedagogía para que lo que escandalizó a los físicos en un inicio se volviera un escándalo para todos, para que todos nos sintiéramos concernidos por el anuncio de los físicos: ¡lo real, eso que todos teníamos en común, está «velado»!

Otras ciencias han tomado el relevo, definiendo sus revoluciones o seudorrevoluciones del mismo modo: «Usted (el sentido común) creía que…, pero desde ahora sabemos que…». Aquí todos los golpes están permitidos: se ha pellizcado un pliegue que identifica al «progreso» con lo que escandaliza al público. Para «los que saben», el público se ha convertido en un *stock* de opiniones y creencias siempre listo para servir de comparsa. Y «la gente común y corriente» adquirió la costumbre, la mayoría aceptó el rol de espectador pasivo, al menos fue el caso hace unos veinte años, durante lo que fue bautizado como la «guerra de las ciencias»: el enfrentamiento entre científicos y pensadores críticos bajo la mirada atónita de los descendientes de los ciudadanos de Atenas, hoy llamados «el público».

Escena típica de esta pequeña guerra académica: un físico furioso interpela a uno de estos pensadores críticos. Podría ser un filósofo, un sociólogo, un especialista de lo que llaman en los países anglosajones *sciences studies* o *cultural studies*, al físico no le importa, son diferencias que no le interesan. Lo que cuenta para él es lo que percibe: su interlocutor es susceptible de insinuar el veneno de la duda en el espíritu del público acerca de que, en efecto, las leyes de la física describan «la realidad». No puede, desde luego, condenar al nuevo Sócrates a beber la cicuta, pero lo que le propone tampoco es muy amable: «¡Si usted no cree en las leyes de la física, láncese por la ventana!». Y lo más fuerte es que parece que funciona: el carácter casi ritual de esta interpelación —perdí la cuenta de la cantidad de veces que la oí, leí o viví— atestigua que los físicos recurren a ella con toda impunidad, sin temor aparente de que alguien se sorprenda y diga: «¿Me quiere decir que antes de Galileo y su ley de la caída de los cuerpos la gente confundía puertas y ventanas?».

Sus adversarios, sin embargo, no se quedaron atrás al deconstruir la «objetividad científica». Uno invocó la eventual eficacia de los rezos de los pasajeros para contrarrestar el ejemplo de que los aviones son la demostración de la existencia objetiva de las leyes de la física, sin temor alguno de que un creyente, cualquiera fuera su fervor, rumiara y objetara que no volaría con una aerolínea que remplazara a los técnicos por círculos de oración, y que no son las leyes objetivas de la aerodinámica en lo que confía al embarcarse, sino en el laborioso trabajo de mantenimiento de los aviones, en la formación de pilotos, en la vigilancia del control aéreo...

La impunidad —el que no tengan por qué contar con el sentido común— vuelve tontos a «los que saben». La «guerra de las ciencias» ocurrió en un paisaje despoblado. Los guerreros que se enfrentaron allí estaban definidos por una situación de hecho: lo que llamé la derrota del «sentido común». No es una derrota en campo de batalla alguno, pues, cuando se trata de lo que interesa efectivamente a los científicos —no el que los cuerpos graves caigan, por ejemplo, sino la manera en que se puede definir la variación de su velocidad—, el sentido común no tiene armas ni causa específica por defender. Se trata más bien de una derrota, una disolución de la capacidad de objetar y hasta de imaginar que lo que sabemos podría permitirnos objetar, y eso significa la pérdida de aquello sin lo cual no puede haber rumia.

Porque rumiar es rechazar —quizá sordamente, sin desplegar necesariamente un discurso contradictorio— perder confianza en el valor de la experiencia, aunque sea difícil de ponerla en palabras o aunque una teoría pueda descalificarla y ponerla en dificultad. Lo que está deshecho es la posibilidad de una recalcitrancia en relación con las pretensiones teóricas, y que no es una relación de desconfianza con las teorías en sí mismas. La recalcitrancia no implica la desconfianza, sino la capacidad de apreciar positivamente lo que propone una teoría sin por ello permitirle que niegue aquello que propone olvidar o reducir a apariencias. Así, a esta derrota del sentido común se corresponde la arrogancia ignorante que muestran tantas teorías, como un timón que perdió el contacto con el agua que le resiste, pero que le permite no perder la orientación, mantener un rumbo, es decir, resistir a la necedad.

Sin duda, Whitehead habría estado cautivado por las necedades desplegadas con toda impunidad durante esta «guerra de las ciencias» que forma parte de un pasado que persiste: el ruido mediático se apagó, pero se sigue incubando la guerra. No le habría sorprendido la oposición entre científicos y pensadores críticos. Es, incluso, la incapacidad de los pensadores críticos, desde Hume y Kant, de «hablar bien» de lo que las ciencias celebran como logros, lo que, según él, pone su sello al devenir especializado de la filosofía. Cuando «la pregunta: "¿Qué sabemos?" ha sido transformada en "¿Qué es lo que *podemos* saber?"»,[12] la filosofía es erigida en jueza de la experiencia humana, en censora de lo que los humanos, incluidos los científicos, «saben», aunque no sepan decirlo bien. Las rumias del sentido común fueron despachadas a la confusión inherente de interrogaciones que exceden los límites de lo que podemos legítimamente pretender saber, de lo que estamos en derecho de saber: si el sentido común rumia es porque divaga en el laberinto de sus creencias. En cuanto a los científicos que pretenden tener «acceso a la realidad», la crítica tolera su realismo naíf. Por su parte, Whitehead escribe: «la fe científica se mostró a la altura de las circunstancias y ha desplazado tácitamente a la montaña filosófica».[13]

Steven Weinberg, antes de volverse un protagonista de la guerra de las ciencias, expresaba muy bien el divertido menosprecio que le inspiraba la «montaña» filosófica:

«Ludwig Wittgenstein, que negaba la posibilidad de explicar hasta el más mínimo hecho en referencia a otro, afirmó que "en la base de toda concepción del mundo moderno yace la ilusión de que las pretendidas leyes de la naturaleza son explicaciones de los fenómenos naturales". Tales advertencias me dejan helado. Decirle eso a un físico es decirle a un tigre acechando su presa que la carne es pasto. Que nosotros los científicos no sepamos explicar, con la aprobación de los filósofos, lo que hacemos cuando buscamos explicaciones no significa que estemos librados a una tarea ociosa. Los filósofos podrían ayudarnos a

---

[12] MP, p. 96 (esp., p. 90).
[13] Alfred North Whitehead, *La Science et le Monde moderne* (en adelante CMM), Éditions du Rocher, París, 1994, p. 21 (esp., p. 17, *La ciencia y el mundo moderno*, Losada, Buenos Aires, 1949 [1925], traducción de Marina Ruiz Lago y J. Rovira Armengol).

comprender lo que hacemos, pero, con o sin ellos, seguiremos haciéndolo».[14]

Weinberg ironiza, pero no está furioso. De hecho, los científicos y la mayoría de los filósofos han estado siempre de acuerdo en lo esencial: las ciencias son un testimonio de la racionalidad humana. Todo cambió cuando la crítica dejó de ser respetuosa, cuando ciertos pensadores críticos explicitaron las consecuencias de la deconstrucción que efectuaron: «Si la "naturaleza" es ajena al acuerdo de ustedes acerca del orden que descifran en ella es porque este acuerdo es puramente humano: son ustedes, científicos, quienes se ponen de acuerdo, y su manera de hacerlo no difiere de aquella que prevalece en todo acuerdo humano». *Exit* de la racionalidad, y sin que sea remplazada por un interés real hacia las maneras múltiples en que los humanos son susceptibles de acordar algo. Cuando el crítico afirma que la ciencia *no es más que una práctica como las otras*, lo que cuenta es el «no es más que». Como todo aquello que pretende fundar cualquier acuerdo práctico, el veredicto de los hechos no es más que el resultado de relaciones de fuerza.

Lo que la guerra de las ciencias hizo aparecer fue que el sentido común no era más que una opinión pública influenciable, que podía dejarse seducir por tal o cual proposición: los críticos, en vez de suscitar la ironía de los científicos, terminaron acusados por ellos de promover la irracionalidad. El «relativismo», la idea de que cualquier práctica «vale» la otra (incluso las de charlatanes o de pueblos «primitivos»), se convirtió de pronto en una monstruosa amenaza. Como si la pérdida de autoridad de «las leyes de la naturaleza» —pues siempre volvemos a ellas (las de la física teórica y, luego, de la evolución darwiniana) para poder apuntar a los «verdaderos enemigos»: los creacionistas— fuera sinónimo de un desencadenamiento de lo arbitrario. Ya no habría obstáculo para las más irracionales pasiones. Estaría todo permitido, a cada cual su verdad, ¡incluso para los partidarios de que la Tierra sea plana!

En resumen, se ha admitido que «la gente», los descendientes de los ciudadanos de Atenas, es incapaz de interrogarse, de rumiar. Lo

[14] Steven Weinberg, *Le Rêve d'une théorie ultime*, Odile Jacob, París, 1997, p. 37.

que Whitehead llamaba el «sentido común» dejó de ser algo con lo que se debía, o se podía, contar. El hombre de la ciudad o el habitante de los campos se equivocan, eso se da ahora por descontado, y es incluso lo único que obtiene la unanimidad de los especialistas. Pero la gente hace mucho más que equivocarse: se los acusa ahora de estar dispuestos a seguir al primer demagogo que se les ponga delante. Así que necesitan pastores. Y para denunciar a un «mal pastor», todos los golpes están permitidos porque «la gente» está dispuesta a creer en cualquier cosa.

Hoy esta caricatura ha adquirido vida e irrumpido en la escena política, o más precisamente electoral, la única que la democracia representativa le da derecho para hacer oír su voz. Todo ocurre como si la derrota del sentido común, incapaz de rumiar o de ofenderse de la situación en la que se encuentra —la de cabeza de tarugo o de comparsa para alguna pretensión teórica— dio a luz de manera repentina al monstruo evocado por los científicos contra los que llaman relativistas. Desde luego, ante la descarada propagación de *fakes news* y *alternative truths*, ante la determinación de la indiferencia o la desconfianza virulenta hacia hechos bien establecidos, surge la tentación de ajustar cuentas pendientes de hace veinticinco años: «Ya ven, el relativismo, el ataque a la autoridad de los hechos que debieran ponernos de acuerdo, fue la autorización al ascenso de la irracionalidad. Teníamos razón: ¡ustedes permitieron que un horrible genio saliera de la botella!».

Podemos interpretar esto desde diversos puntos de vista. Está, por cierto, el rol de las redes sociales o las campañas de desinformación de todo tipo, pero también está la evidencia vivida de que el progreso en que se nos pidió creer desapareció del horizonte. Invocar la imagen de un público que confirmaría su irracionalidad intrínseca y que diera la razón a la tesis de que «hay que tener confianza en los que saben» (pues si no, estaría todo permitido), me parece que descuida la temible novedad del acontecimiento. Lo que me impacta es que los que se deleitan con las *fake news* u otras *alternative truths*, parecen menos mostrar una ciega credulidad que una oscura voluntad de no querer entender y obtener así su revancha de «los que saben». ¿Quién hubiera creído que Donald Trump podría haber declarado impunemente, durante su campaña electoral, que si matara a alguien en plena Quinta Avenida no impediría a sus partidarios votar por él? Y los partidarios, por su parte, sin duda entendieron que Trump les daba la deleitosa oportunidad de escandalizar todavía un poco más a la «élite biempensante».

¿Y si, más bien, esto que surge manifestara un modo particular de este desastre político y cultural que he llamado «derrota del sentido común»? No puedo dejar de pensar en Bertolt Brecht cuando escribía: «Al río que todo lo arranca lo llaman violento, pero nadie llama violento al lecho que lo ciñe». Él pensaba, por cierto, en las violencias revolucionarias, en el pueblo en las calles, no en la muchedumbre que aplaude con pasión los enunciados más ultrajantes, los más abiertamente absurdos, y que descubre que ella también cuenta, ya que puede asustar a los que saben. Si los ríos que desbordan pueden ser diferentes, la violencia de los diques se asemeja. No se puede impunemente hacer sentir a quienes se exigió tener confianza que sus razones de indignarse frente a las promesas incumplidas son nulas o sin valor. No se humilla impunemente.

La respuesta de los partidarios de Trump, o la de otros que en diferentes lugares ven como mentira o como complot todo lo que les demanda pensar, no debe ocultar que existen respuestas radicalmente diferentes a los espejismos del progreso, respuestas que producen un pensamiento recalcitrante y lanzan las razones supuestamente convincentes a la aventura. Son cada vez más numerosos, entre los descendientes de los ciudadanos de Atenas, aquellos que dejaron de rumiar, pero no por eso se han vuelto necios. Los que protestan en las calles o siegan los campos «contaminados» donde se cultivan organismos genéticamente modificados (OGM), los que acampan en «zonas de defensa» o hacen huelga en contra de las redefiniciones «objetivas» (esto es, contables) que destruyen el sentido de sus oficios, saben en contra de qué están resistiendo, y también los que se dedican a prácticas terapéuticas «alternativas», de las que experimentan beneficios, a pesar de lo que objete la experticia «fundada en los hechos». Todos esos casos ponen en cuestión la definición del «objeto» a la que refiere su autoridad, pero no con la violencia de quienes rechazan escucharla, sino con la inteligencia de los que aprendieron a escucharla. Su contestación es hacia la manera en que esta definición implica que se haga abstracción de los saberes/valores que les importan a ellos. Lo que piden que se tome en cuenta son las interdependencias múltiples que intrican a humanos y no humanos, que los expertos pedían olvidar y tan frecuentemente se habían acostumbrado a olvidar.

Pensar a partir de la derrota del sentido común es resistir a la tentación de decir que los primeros, los que rompen diques, que han decidido no entender nada y hacerse los sordos con aquello que podría hacerlos dudar, son los malos, y que los segundos, los «activistas» son los buenos: unos y otros vienen del mismo desastre. En cambio, sí podemos tomar partido por la manera con que unos dan sentido a ese desastre y en contra de la de los otros. Es lo que haré, pero sin olvidar, en tanto filósofa, que ya no estamos en las calles de Atenas. Los que luchan no van a venir, desde luego, a pedirle ayuda a la filosofía para elucidar aquello que los hace luchar: no fueron los filósofos quienes abrieron paso a los activistas, más bien son ellos quienes se benefician de lo que les enseñan los y las que se activan.

Y los filósofos pueden enseñar aquello que, políticamente, podría significar una «soldadura de la imaginación y el sentido común». Los saberes activados se activan en el modo de la resistencia y de la lucha; eso es lo que les da su importancia y su pertinencia, pero puede igualmente ser su vulnerabilidad —al hacerlos, por ejemplo, reivindicar la legitimidad de lo «concreto»—. Es verdad que la lucha contra el imperio de las definiciones que dan autoridad a un saber «objetivo» está justificada cuando se dirigen contra el «enemigo». Pero la fuerza propia de los activistas está en aceptar la prueba de la pregunta «¿cómo no asemejarse al enemigo?». Lo que implica: «¿cómo no atribuirle a una verdad, diremos concreta, el poder de movilizarlos a todos unidos a la manera de unos buenos soldaditos?». Cómo, en otros términos, hacer del «nosotros» que lucha algo no reunido por un saber por fin verídico, sino por lo que se teje y entrelaza en la medida en que se van discerniendo las interdependencias entre las razones de existir.

Desde este punto de vista, el determinado rechazo a los OGM en Europa es un caso de logro ejemplar. Si los OGM surgidos de los laboratorios hubieran conservado su definición de innovación portadora de porvenir, testimonio de la «capacidad del hombre para dominar a la naturaleza», sabemos lo que hubiera ocurrido enseguida, cuando las consecuencias de su uso agrícola se hubieran hecho innegables. El mantenimiento de la sinonimia entre OGM definidos en los términos abstractos autorizados por su definición experimental y los OGM en campo abierto habría prevalecido, aun cuando las consecuencias de los segundos están asociadas a lo que ignoran los primeros: la puesta bajo patente, el uso creciente de pesticidas que impactan la biodiversidad y la salud, la proliferación de agentes «nocivos» (malezas, insectos, hongos, etc.) más resistentes, etc. Las consecuencias económicas, ecológicas o agrícolas habrían sido constatadas, aceptadas, deploradas y/o gestionadas, pero en la modalidad de efectos secundarios de una innovación racional y benéfica. Ese libreto fue desbaratado, incluso en las regiones del mundo en que los OGM lograron imponerse, porque quienes que se opusieron en Europa supieron tejer sus razones de resistir. Soldadura de la imaginación y el sentido común. Aislada, reivindicando para sí misma la verdad que legitima la lucha —desde el combate contra el acaparamiento de patentes hasta la defensa de la naturaleza o de la salud—, cada razón habría sido débil e identificable con un rechazo ideológico al progreso. Pero la imaginación, el devenir-sensible a las razones de los demás, les permitieron hacer sentido en común sobre lo que significan los OGM en los campos, y de un modo que hizo tartamudear a los expertos. Una vez activada, la imaginación es contagiosa. Hoy en día, más allá del rechazo a los OGM, la pregunta por lo que puede significar una agricultura durable hace pensar, imaginar y luchar.

Poner en problema la abstracción

La cuestión del sentido común ha cambiado. Soldar la imaginación con el sentido común dejó de ser primeramente la tarea del filósofo. Es lo que intentan los activistas: hacer sentido en común. No ponerse de acuerdo, sino saber juntos que las razones de resistir, tan diferentes como puedan llegar a ser, se necesitan unas a otras porque en conjunto pueden dar un sentido a la innovación agrícola llamada OGM. Porque la pregunta de la agricultura no es una pregunta especializada, sino una pregunta espesa de desafíos, una pregunta que, desde el Neolítico, entrelaza prácticas humanas con seres vivos no humanos, la tierra, el clima, bajo el modo de una interdependencia irreductible y sin cesar rearticulada.

Si volvemos a la imagen de la filosofía frente al «sentido común» que rumia, es importante que los filósofos abandonen aquí la imagen de un sentido común como atributo individual, lo que cada humano tendría o debería tener en común y que exige que no se lo desprecie. Hay que imaginar que los descendientes de los ciudadanos de Atenas son ahora quienes saben que, más allá de esa exigencia, ninguna verdad unánime será instaurada ni restaurada. Lo que los hace rumiar es el sentido mismo de algo en común irreductiblemente problemático, de una composición sin cesar retomada y siempre situada con relación a lo que obliga a pensar aquí y ahora, no en general. No como defensores de una verdad, sino participantes de una aventura sin destinación ni definición heroica.

Dicho eso, se trata también de no olvidar que la imagen de la que partimos está igualmente situada. Son descendientes de los ciudadanos de Atenas, habitados por la rumia, que se dirigen a un filósofo. No sabemos qué podría significar el sentido común «en otro lugar». Ya volveré sobre este asunto. En este estadio, quisiera compartir el paisaje abierto por lo posible que le debemos a los activistas: poder hacer la apuesta de que la oscura voluntad de no pensar, de no dejarse conmover por nada que con justa razón nos pudiera causar miedo, no nos confronte con lo que deberíamos reconocer como la triste verdad: un sentido común que necesita creer en la autoridad de los que saben porque sería desesperadamente incapaz de notar la diferencia entre saber y opinión.

Es por eso que quisiera darles pleno valor a experiencias y a saberes que sabemos compartir con muchos otros. Cuando no estamos bajo el influjo de una teoría, todos somos capaces de malabarear múltiples recursos contextuales, prácticos y semánticos según las exigencias de las situaciones, sin que la desazón se apodere de nosotros por la idea de que esas situaciones puedan ser importantes para otros de un modo diferente. Por el contrario, eso nos interesa, entra en nuestras rumias y activa nuestras imaginaciones. Estamos ávidos de novelas que nos vuelvan testigos de las pasiones, dudas, sueños y espantos de sus protagonistas. Somos aficionados a los libros de historia, de etnología, de etología animal, que exploran la manera en que otros, humanos y no humanos, se han relacionado o se relacionan con sus mundos. Es esa imaginación, que le debemos a la ficción, la que nos enseña que una verdad puede siempre esconder otra, pero que ninguna es «solo relativa».

Esta imaginación es lo que han obliterado los que se hundieron en el odio, y por eso podríamos decir que han «perdido el sentido común». Pero esta catástrofe no tiene nada que ver con lo que a menudo se reprocha a la «gente común», cuando entrega el testimonio de aquello que le importa: les falta distancia, no ven lo que nuestros amigos angloamericanos llaman *the big picture*. Solo esta permitiría acceder a una concepción que puede decirse imparcial, de la cual se derivarán frecuentemente las acusaciones de dependencias sobre las cuales su parcialidad los ha vuelto ciegos. Saber hacer abstracción de aquello a lo que estamos amarrados y de aquello que nos amarra es a lo que se nos exhorta, es la vara con la que se nos evalúa, es el sentido de los dispositivos que nos separan de lo que sabemos para inculcarnos la docilidad y el respeto de las reglas que definen lo que tenemos derecho a saber.

Y es aquí donde Whitehead puede ayudarnos. En el vocabulario whiteheadiano, «hacer abstracción» no es señal de privilegio. Para Whitehead, la percepción es en sí misma un «triunfo de la abstracción», es selectiva y parcial, y está orientada por necesidades de la acción:

«El primer principio epistemológico debería ser que los aspectos cambiantes, variables, de nuestras relaciones con la naturaleza sean los primeros temas de la observación consciente. Esto es de sentido común, pues se puede hacer algo con ellos. Las permanencias orgánicas sobreviven por su propio dinamismo: nuestro corazón late, nuestros pulmones absorben el aire, nuestra sangre circula, nuestro estómago digiere. Fijar la atención sobre operaciones tan fundamentales exige una reflexión avanzada».[15]

---

[15] MP, p. 52 (esp., p. 41).

Esto vale para todos los animales que Whitehead definirá como «superiores», capaces de observar, poner atención, interpretar. Es decir: vale antes que el lenguaje se entrometa. El lenguaje en sí solo se ha vuelto portador del imperativo de «hacer abstracción» en el mundo letrado, dominado por el ideal del diccionario desde que el fondo del asunto se volvió aprender que las palabras deben tener una significación independiente de las relaciones con la «realidad inmediata» en la que participan (con la excepción de la libertad dada a los poetas).

La capacidad de abstracción entonces no es privilegio del pensamiento, no lo que permite autentificarlo. Whitehead se resiste a un juicio cuyas premisas remontan al intento de Sócrates de convencer —sin gran éxito— a los habitantes de Atenas de que no eran capaces de separar la significación de términos como coraje, virtud o justicia de las situaciones «concretas» que los ilustraban, es decir, de lo que significan. Eran incapaces de «pensamiento abstracto». Hoy el «Que nadie entre aquí si no es geómetra», grabado, se dice, en la entrada de la Academia fundada por Platón, se volvió un imperativo pedagógico. «Que nadie salga de la escuela primaria sin haber cortado antes cualquier vínculo entre un pedazo de torta (dividida en partes iguales) y una fracción, y sin que esta sea confundida, por lo demás, con un número fraccionario». La prueba que experimentan los niños de aprender las extrañas exigencias de un «pensamiento abstracto» es susceptible —si la profesora no hace sentir a sus alumnos la aventura emprendida por las matemáticas— de producir lo que Stella Baruk llama «*automaths*».[16] Así, el sentido común queda «torpedeado», anonadado. Como «son matemáticas», los alumnos podrán fríamente concluir que cinco corderos y medio (¡número fraccionario!) fueron llevados al matadero.

Whitehead no se interesa por el «pensamiento abstracto», pero tampoco atribuye a los niños un «pensamiento concreto». Para él no hay pensamiento sin abstracción, el pensamiento supone la abstracción. Lo que le preocupa son más bien nuestros *modos* de abstracción. En cada época, escribe Whitehead, una de las tareas cruciales de la

[16] Stella Baruk, *L'âge du capitaine. De l'erreur en mathématiques*, Seuil, París, 1985.

filosofía es cultivar la vigilancia sobre los modos de abstracción con que ha estado equipada.[17]

Nunca se abstrae algo en general, sino siempre de un modo determinado. Como en el caso de los OGM, sus promotores veían solamente la ganancia en la productividad ligada a la modificación genética, y era esa abstracción lo que les permitía descalificar de un solo golpe todas las oposiciones: hay miles de millones de bocas que alimentar. Pero no podemos decir que los contestatarios sí tuvieran acceso a un OGM «concreto». Si pudieron hacer sentido en común, es porque, al hacer cada uno que importe una perspectiva particular, sus modos de abstracción divergentes no entraron en competición, no lucharon por la primacía y por mandar a los otros a la insignificancia, en resumen, pretender a lo que Whitehead llamaba un «un carácter concreto mal situado». Es lo que hicieron los biólogos de laboratorio, cuando pretendieron detentar la verdad científica de los OGM al definirlos por la modificación genética que los caracteriza.

La tarea de la filosofía no es criticar los modos de abstracción ni los saberes especializados que los movilizan como tales. Su vocación no es oponerles un saber concreto. Lo que debe hacer es cultivar modos de vigilancia sobre los modos de abstracción que, en cada época, aspiran a un poder predador y derivan lo que omiten a la insignificancia. Y es para volverla capaz de cumplir ese deber que Whitehead le pide a la filosofía no *eliminar nada* de lo que experimentamos, es decir, jamás ratificar la legitimidad de una omisión. Esto no significa «defender lo concreto», es más bien *hacer sentir*, vale decir, avivar o intensificar esas dimensiones de las experiencias que insisten, sordamente, y que son omitidas por un modo de abstracción. En otros términos, la filosofía de Whitehead no es militante (¡hay que volver a la experiencia!), sino activista, en el sentido de que activa algo que nuestros modos de abstracción pueden acallar muy fácilmente.

Por ello, según Whitehead, a la filosofía no le convienen la argumentación o las pruebas, pues, ya sean científicas, jurídicas u otras, dependen de un modo de abstracción que otorga el derecho a omitir. La filosofía nunca podría darse ese derecho. No podría enorgullecerse de la proeza de explicar por medio de eliminar lo que su explicación

---

[17] Véase CMM, p. 78 (esp., p. 75, cap. 4).

necesita desatender. La prueba en matemáticas, en cambio, no es más que un camino para un tipo de comprensión portadora de su autoevidencia.

«La meta de todo discurso filosófico debería ser producir su propia autoevidencia. Es naturalmente imposible alcanzar una mira semejante. No obstante, toda interferencia en filosofía es un signo de imperfección propio de todas las empresas humanas. A lo que apunta la filosofía es a la pura y simple manifestación (*sheer disclosure*)».[18]

Disclosure no corresponde a «toma de consciencia», con su connotación de develamiento de una verdad armada de pies a cabeza y hasta entonces disimulada (o reprimida). Algo se volvió manifiesto, pero no es tampoco una «manifestación» en el sentido fenomenológico (de tipo «aparecer del siendo sí mismo su ser manifiesto»). La manifestación no se opone a la prensión[19] abstracta. Se impone por sí misma, pura y simplemente, y junto con ella, también otro modo de prensión que hace que importe lo que teníamos la costumbre de omitir y nos detengamos ante lo que parecía anecdótico. En otros términos, el propósito abierto y firme de la filosofía debiera ser activar las dimensiones de la experiencia que nuestros modos de abstracción perceptivos y lingüísticos omiten. No por nada en *Modos de pensamiento* Whitehead se atreve a señalar el parentesco entre filosofía y poesía. Al hacerlo, no está pretendiendo a la necesidad de una «cualidad poética» de los enunciados filosóficos. Se trata más bien de intentar «encontrar una terminología convencional para las vivas sugestiones de los poetas»,[20] fabricar enunciados «en prosa», y hasta «prosaicos», que sean susceptibles de dar a lo que usualmente es omitido el poder de hacer «vacilar» a la conciencia.

[18] MP, pp. 69-70 (esp., p. 62).
[19] N. del T.: *Prise* (verbo *prendre*) tiene numerosas significaciones en francés, como 'agarre', 'toma', 'enchufe', 'atrape', entre otras, y sirve de origen para numerosos vocablos: *emprise* ('influjo', 'imperio'), *entreprise* ('empresa'), *reprise* ('relance', 'retoma', 'reanudación') o expresiones como *qu'est-ce qui nous à pris de* ('qué nos ha dado por') y *prendre en main* ('hacerse cargo'), que aparecen a lo largo de este libro. No existe en castellano una palabra que exprese toda esa diversidad de significados y hemos optado por «prensión» (derivado del verbo prender).
[20] *Ibidem*, p. 70 (esp., p. 63).

«Nuestro goce de la actualidad es la realización de un valor, bueno o malo. Es una experiencia de valor. Su expresión fundamental es: ¡Atención, aquí hay algo que importa! Sí, es la mejor expresión; la primera vacilación de la consciencia revela algo que importa».[21]

La tarea que Whitehead propone para la filosofía, vigilar nuestros modos de abstracción, no corresponde con la puesta en cuestión de una consciencia que, sin la intervención de la filosofía, se mantendría prisionera desesperadamente de modos de abstracción eventualmente inadecuados. Por el contrario, es en el momento en que algo nos pide de repente poner atención y que hasta ese momento, cuando nos sentimos conscientes, no sentíamos la importancia. Para Whitehead, la consciencia no es un atributo estable, sino que «parpadea», marca una puesta en aventura permanente de los modos de abstracción que distribuyen lo que importa y lo que en tal o cual circunstancia puede ser omitido. Tal vez sea el gusto por esta aventura lo que traduce esa imaginación que la ficción pone en movimiento. Digan lo que digan los que quieren encerrarnos en el marco finito de lo que legítimamente podemos saber, nosotros sabemos que una verdad puede siempre esconder otra.

La filosofía es una tarea de soldadura, pero no entre dos realidades dispares, como un sentido común prisionero de sus rutinas y una imaginación libre. En realidad, después de hacer esta proposición, Whitehead define el propósito de esta soldadura: «Refrenar los ardores de los especialistas y ampliar el campo de su imaginación».[22] Refrenar no debería aquí evocar la imagen del pie que aprieta el pedal del freno, ni la de un sentido común policial que constataría un exceso de velocidad. Se trata más bien de poner en duda el avance *desenfrenado* de un conocimiento que exige ser protegido de todo lo que pudiera ralentizarlo, y que para ello canaliza la imaginación de los que se consagran a ese avance. Whitehead apuntaba aquí, muy particularmente, a los especialistas modernos que él llama «profesionales». Recordemos a los biólogos creadores de OGM. Saben que

[21] *Ibidem*, p. 136 (esp., p. 135).
[22] PR, p. 67 (esp., p. 35).

en el campo pueden ocurrir cosas que no pueden observar en el laboratorio, pero eso no alcanza a activar su imaginación (ya se arreglará,
se tiene que arreglar, ese tipo de complicaciones no son dignas de
detener al progreso): «Cada profesión hace progresos, pero progresa
según su propia rutina, trazando su propio surco. (…) El surco impide la errancia en el paisaje y la abstracción se abstrae de algo para lo
cual ninguna atención es prestada. (…) El resto de la vida es tratado
de manera superficial, con las categorías imperfectas de un pensamiento que deriva de la profesión».[23]

Los modos de abstracción especializados de nuestros profesionales modernos son los que hacen que importe lo que la modernidad
llamó progreso. No hemos de sorprendernos de que el progreso sea
una consigna dotada de significaciones conflictuales y que todas estén de acuerdo en cuanto a romper con el sentido común. Estos modos de abstracción funcionan de una manera que podríamos calificar
de predadora, pretendiente al poder de descalificar y de hacer callar,
pero no pueden ser definidos en sí mismos como predadores: lo son
solamente en la medida en que los profesionales les confieren ese poder y, por su parte, esos profesionales son definidos como servidores
del progreso. Ningún modo especializado de abstracción puede ser
culpable «en sí». Pero, en cambio, podemos decir que son todos
«no inocentes», a la manera de Donna Haraway, y que el asunto es
ser vigilantes con las pretensiones de inocencia, con cualquier argumento que implique que sea legítimo eliminar o descuidar aquello
que ningún modo de abstracción hacía que importara.

Si ningún modo de abstracción especializado es inocente, tampoco se puede decir «son todos sospechosos», ni menos «todos culpables», como si el devenir profesional fuera una forma de destino que
espera del especialista. Whitehead escribe a menudo que «no hay
que exagerar». Él practica una forma de humor que podríamos decir
prosaico. El humor no descalifica a quien se dirige, su mayor logro es
llevarlo a la risa, no de sí mismo, sino de la manera que había tomado
por costumbre de (re)presentarse. Hay profesionales que se reconocen dominados por sus modos de abstracción, pero se representan
como si pagaran el precio que exige, lo que ellos llaman, su vocación.

[23] CMM, pp. 227-228 (esp., pp. 237-238).

No hay que exagerar: la vocación es un antiguo tema que no implicaba un compromiso ciego, sino todo lo contrario. No tenemos que temer destruir vocaciones cuando le pedimos a los especialistas que se enteren de que hay un mundo más allá de sus surcos. Whitehead lo dice subrayado, la fábrica de profesionales, personas fijas con deberes fijos, es una innovación moderna, nace en el siglo XX. En tanto tales, no tienen nada de nuevo, los antiguos profesionales eran escribas, funcionarios o astrónomos, figuras de precisión escrupulosa y miope. Lo nuevo, para Whitehead, es el emparejamiento entre profesión y progreso, es decir, la invención de instituciones en las que se cultivan imaginaciones emprendedoras, pero frágiles también, mandatadas a servir de protección contra las preguntas que *no deben* concernirlas.

La profesionalización plantea así la pregunta por el entorno que requiere, su medio asociado, institucional, y el otro medio que, en su caso, debe mantenerse a distancia, donde debe imponerse el respeto por un saber cuya autoridad crea un vacío alrededor suyo. Para un matemático como Whitehead, las matemáticas no necesitan ejercer autoridad, ya que los valores que las matemáticas hacen existir no necesitan negar nada, se imponen por su propia autoevidencia; es el medio escolar en el que son inculcadas lo que puede fabricar «*automaths*» que obedezcan ciegamente a sus definiciones. Lo mismo para los «hechos» que movilizan la argumentación o la prueba. Su funcionamiento puede ser predador cuando se vuelven aquello que debe poder ser exigido para ser escuchado: ¿y dónde están tus hechos? La palabra «hecho» puede ser pronunciada con la entonación del obrero o del artista que, tomando distancia y considerando lo que ha consumado, dice «ya está, está hecho». Sin embargo, los que señalan el hecho como consumación[24] e insisten en la diferencia entre «bien» hecho y «mal» hecho tropiezan con la ironía de que se les solicitará una definición, y serán fácilmente acusados de mantener un apego reaccionario y/o romántico a supuestos «valores verdaderos». De manera más general, el funcionamiento predador de ciertos modos de abstracción es un asunto de medio, y particularmente del medio asociado a la invención del profesional moderno.

---

[24] N. del T.: *Accompli* en francés significa 'acabado' en un sentido no necesariamente negativo, pues puede ser sinónimo culminado o realizado o cumplido.

La filosofía de Whitehead está situada por una preocupación que remite primero a lo que caracteriza a los medios propios del mundo moderno que hicieron de la misma filosofía una actividad profesional (enunciados esqueléticos embrujados por el ideal del diccionario). Y, porque no está enraizada en el suelo firme de una verdad por desplegar ni apunta al ideal fuera de situación que tendría por vocación el pensamiento, renuncia al arma crítica que permite identificar y denunciar las desviaciones del pensamiento. De este modo, podemos decir que responde a lo que Whitehead había llamado «el sentido radical de la doctrina de la evolución», que desconoce fundamento e ideal y que no entiende la finitud en el sentido de una limitación, pues limitación implica siempre una referencia a aquello que ella reputa inaccesible, esto es, una razón que demuestra que lo que es debe ser así. Aceptar la doctrina de la evolución es afirmar que lo que existe podría haber existido de otra manera sin por ello caer en la ironía triste del relativismo, sin rememorar el ideal melancólico de esta verdad sin amarras, sin suelo, sin historia, que anuncia su imposibilidad. El naturalista que contempla lo maravilloso de una araña tejiendo su tela puede estar intrigado, pero no alimenta la menor nostalgia por la referencia a un Dios creador que quiso que esa araña sea lo que es. Y Whitehead hizo la apuesta de un sentido común que pueda estar intrigado por nuestros saberes especializados, sin por ello prestarles una autoridad ante la cual no habría más que inclinarse. Y esa apuesta, para que no se vuelva un voto piadoso, demanda un cambio de medio.

¿Civilizar la modernidad?

De toda evidencia, Whitehead no había previsto lo que vivimos hoy. La elección que he hecho de situarlo en las calles de Atenas, lugar emblemático de las historias de origen de la filosofía, no tiene la ambición de discutir ese origen ni tampoco dar, a la manera con que Whitehead prolongó esa escena, el poder de proponer respuestas que valdrían para hoy. Sería hacer de él un vidente o un profeta. De hecho, podríamos decir que leer a Whitehead demanda a la vez situarlo y situarnos. Whitehead pertenece a su época, con sus inquietudes que son aún las nuestras, y con lo que —para nosotros— pueden parecer sus puntos ciegos.

Incluso, al leerlo, a ratos podríamos estar tentados por la estúpida superioridad revindicada por el presente sobre el pasado: nosotros conocemos mejor, nosotros lo diríamos de otra manera. Para este ensayo escogí densificar lo que comparto con él gracias a temas más contemporáneos. En lo que toca a los «puntos ciegos», está bien recordarnos que lo que se supone que hoy ya no podemos ignorar dista mucho de ser lo que seríamos desde entonces capaces de pensar de manera consecuente. Se trata más bien de deudas que nos atormentan y que siguen impagas. Tal vez, como diría Étienne Souriau, no hemos —¿todavía?— «pagado el precio del contrabandista». Tal vez la facilidad con la que estamos tentados de quemar hoy lo que adorábamos ayer traduce la tentación de considerar a la crítica como una consumación en tanto tal, aun cuando el problema no haya sido efectivamente, positivamente, desplegado.

No sabemos hasta el momento si es concebible «civilizar la modernidad» —lo posible que hizo pensar a Whitehead— o si vivimos la debacle de esta civilización. No sabemos si las historias que relatarán sobre nosotros en el futuro fabricarán continuidades de una herencia viva o si hablarán de «ellos», unas criaturas extrañas que legaron un mundo en ruinas.

Leer a Whitehead hoy corresponde, desde luego, a acentuar el signo de interrogación que acompaña a la idea de que sería posible civilizar la modernidad, y no se trata de enseñarle que es una apuesta, a lo menos, especulativa. De hecho, fue la convicción de que la civilización moderna estaba en decadencia lo que volvió filósofo al matemático Whitehead. Podríamos decir que es una convicción prefilosófica, forjada por un académico que se planteaba la pregunta de saber si esta civilización podría alguna vez reponerse del mal clima en que nació la sociedad industrial, y que vivió de cerca la manera con que sus colegas letrados, prisioneros de modos de abstracción profesionalizados, participaban en crear este clima, al darle a la cuestión de la miseria obrera la respuesta que Caín le dijo a Dios: «¿Soy acaso el guardián de mi hermano?».[25] La tarea positiva que

---

[25] *Ibidem*, p. 234 (esp., p. 245).

Whitehead asignó a la filosofía, hacer la soldadura del sentido común con la imaginación, apunta, como vimos, a los especialistas que hay que refrenar en sus ardores y abrir su imaginación.

Pero la figura del filósofo, en quien el sentido común confía aquello que lo hace rumiar para que elucide y dé un sentido coherente a lo que fue desmembrado por los juicios especializados, no es la de un revolucionario, aun si los revolucionarios pueden acertadamente denunciar la relación entre profesionalización del saber y opresión social. Sería, otra vez más, darle a un modo de abstracción particular el poder de definir la verdad de una situación. Lo que pregunta el sentido común que se figura Whitehead no es «quién tiene razón», es una elucidación que aporta una comprensión coherente allí donde reina la discordia. Pero, ¿qué coherencia puede ser despejada entre esos modos de abstracción especializados que se pelean? Y la respuesta del matemático-filósofo Whitehead es que esa coherencia no definirá ningún «bien pensar» que haya que restaurar. Ya no es asunto de responder a la pregunta de Sócrates: «¿qué es?» con la idea de que cada modo de abstracción, si se conforma con su justo campo de aplicación, participará con los demás en la respuesta siguiendo una forma de división del trabajo apacible y cortés. Las disputas no se explican por una pérdida, una distorsión ni un defecto. Para un matemático, la coherencia no debe ser reencontrada, sino ser creada.

Hacer esta soldadura es una operación metalúrgica, así como es una operación técnica lo que Whitehead va a poner en obra para crear la coherencia, para conferir a la filosofía la capacidad de activar la importancia de lo que «sabemos», incluso si los especialistas nos rechazan el derecho de hacer que importe. Civilizar los modos de abstracción que consagran a los pensadores modernos —cuyo único punto común es la descalificación del sentido común— a la batalla, pide reformular lo que exigen estos modos de abstracción de un modo tal que pierdan toda relación con algún derecho o legitimidad, y que sean apreciados en tanto modos de prensión aventurados, siempre en riesgo de descuidar algo que importa aquí, en este caso. Un matemático no podría pedir menos, y es lo que Whitehead se esforzará en cumplir con su obra *Proceso y realidad*.

Civilizar la modernidad sería entonces obtener de los especialistas que aprendan a situarse, en palabras de Haraway, o bien a honrar la verdad de lo relativo (en oposición a la relatividad de la verdad), en palabras de Deleuze, la verdad de saberes que sepan presentarse como relativos a las preguntas que efectivamente pudieron plantear. En los dos casos, sería obtener de los especialistas que vinculen activamente lo que saben y lo que su saber debió omitir para llegar a ser producido. Tal vez podrían decir que no es casi nada, pero recordemos el caso de los OGM. Los que discutían acerca de los OGM de laboratorio sabían que las preguntas que sus laboratorios no permitían abordar estaban omitidas, y fue necesaria la llegada de las luchas activistas para que esos OGM cesaran de presentarse como la clave de un progreso decisivo de la agricultura y que todo el resto era más o menos despreciable y estaba destinado a arreglarse después. Civilizar la modernidad, aquí, habría significado que todos los protagonistas concernidos se reúnan para hacer sentido en común acerca de lo que pretendía salir del laboratorio. Y sobre todo, que nadie piense en presentarse, o en presentar su saber especializado, prevaliéndose de términos como universal, objetivo, racional, que de una manera u otra expiden a aquellos ante quienes se hace la presentación a las tinieblas de los saberes anecdóticos y de los hábitos particularistas, a las amarras subjetivas, a las creencias irracionales, a los afectos pasionales.

Se dirá que los activistas no leyeron a Whitehead, que fueron sus luchas las que soldaron una imaginación vivificada por la pregunta, desde entonces compartida por muchos, de lo que sería una agricultura durable. Ya lo veremos, la metafísica de Whitehead es susceptible de acompañar ese «hacer común» generado por los activistas, que prolonga la noción de sentido común lejos de las calles de Atenas, pero lejos también de la imagen del humano detentor de «su» opinión. La singularidad de un sistema metafísico obligado por la coherencia es haber forzado a su pensador a seguir un trayecto literalmente experimental,[26] donde hizo y deshizo sus conceptos hasta que ninguno pudiera sostenerse independientemente de los otros.

[26] Es el trayecto que intenté seguir en Isabelle Stengers, *Pensar con Whitehead. Una creación de conceptos salvaje y libre*, Cactus, Buenos Aires, 2020 (Seuil, París, 2002). El libro es bastante frondoso. Para una presentación límpida y elegante del sistema de Whitehead, véase Didier Debaise, *L'Appât des possibles*, Les presses du réel, Dijon, 2015.

Y, al hacerlo, el mismo pensador se deshizo de las maneras de plantear los problemas y de las economías de pensamiento autorizadas por su época. Y no es que alcance lo universal más allá de las limitaciones de su época. El sistema de Whitehead está situado por aquello que busca crear: coherencia entre los modos de abstracción modernos. También podríamos decir que no está situado por una época, sino por la pregunta de la civilización a la cual su época, y también la nuestra, pertenecen.

«Esta» civilización, y ciertamente no «la» civilización. Whitehead siempre estuvo atento a la pluralidad de las civilizaciones. Le gustaba contrastar la civilización moderna, nacida en Europa, y las de los griegos, egipcios, semitas; nunca desarrolló la idea de un progreso de «la» civilización a través de algo que no fuera más que etapas. En *Modos de pensamiento*, la noción de civilización es presentada como una «generalidad», y en *Aventuras de las ideas*, como «difícil de definir»,[27] lo cual es propio de toda generalidad, en el sentido de Whitehead, pero es inamovible en un punto: no hay civilización modelo. Copiar a los griegos, por ejemplo, no tendría ningún sentido, ya que ellos no eran copistas: eran «especulativos, aventurados, apasionados por la novedad».[28]

Eso que Whitehead entiende por civilización podríamos llamarlo un medio de cultura, siempre particular, para las aventuras propias de la vida humana, un medio de cultura en cuyo interior las tradiciones son cultivadas, así como puestas a prueba y lanzadas a aventuras. Cada civilización, escribe Whitehead, «deja detrás suyo su mensaje sobre el carácter secreto de la naturaleza de las cosas»,[29] sobre el significado de vivir, actuar, sentir, sobre el sentido que se puede dar al orden, pero también al desorden, al conflicto, a la frustración. Cada civilización propondría así a la experiencia humana una manera de comprenderse a sí misma, incluso en las discordancias que la ponen bajo tensión y los conflictos que la desgarran. En ese sentido, corresponderían al reto que constituye el sentido común whiteheadiano: no es un fondo de saber común a la humanidad, sino una capacidad

---

[27] Alfred North Whitehead, *Aventures d'idées* (en adelante AI), Cerf, París, 1993, p. 349 (ingl., p. 273, *Adventures of Ideas*, The Free Press, Nueva York, 1967 [1933]).

[28] AI, pp. 349-350 (ingl., p. 274).

[29] *Ibidem*, p. 217 (ingl., p. 165).

situada de participar en la aventura de la civilización a la cual pertenece.

Podríamos decir que, para Whitehead, una civilización es una aventura que se piensa a sí misma a través de los que están concernidos por ella. En ese sentido escribe que «las civilizaciones solo pueden ser comprendidas por los civilizados».[30] Hay entonces un historicismo radical en el pensamiento de Whitehead, pero es un historicismo volcado hacia lo que, para tal civilización, importa, lo que hace pensar a aquellos y aquellas que le pertenecen, los «aspectos de la existencia» que podrían hacerlos rumiar. Su civilización, su porvenir o su decadencia, «concierne» a los civilizados, es para ellos una cuestión que los hace pensar, dudar, juzgar, esperar o matarse unos a otros. En tanto filósofo, Whitehead no pretende trascender la civilización a la que pertenece. El desafío que le asigna a la filosofía, soldar la imaginación con el sentido común, hubiera sido bastante difícil de explicar a un griego antiguo; pero mientras a nosotros nos parezca a lo menos discutible, seremos, desde ese punto de vista, los contemporáneos de Whitehead.

Importa subrayar que el historicismo de Whitehead no implica para nada que deba ser posible comprenderlo en función de la situación histórica que fue la suya, por ser esa situación lo que lo forzó a pensar, a crear conceptos que activaron la problematización. En ese sentido, la aventura conceptual de Whitehead es como una botella lanzada al mar o como una flecha disparada hacia un porvenir que no llegará a conocer: esto es lo que nos ocurrió, esta es la manera en que la civilización a la que pertenezco me permitió comprender su declive.

Y el hecho de que podamos sentir hoy que el mundo moderno ya no puede ser caracterizado en términos de declive y de que la cuestión sea más bien lo que los historiadores llaman la «gran aceleración», la intensificación acelerada del impacto del llamado desarrollo sobre nuestros entornos y sobre nosotros mismos, no es en sí susceptible de poner en cuestión lo que hace pensar a Whitehead. La manera misma en que ese desarrollo pasa por alto sus consecuencias puede explicarse ciertamente por el capitalismo que fue su motor.

---

[30] *Ibidem.*

Pero no explica que, hasta muy recientemente, la mayoría de los que saben lo hayan identificado con un progreso y hayan esperado del fin del capitalismo que ese progreso beneficiara, por fin, al conjunto del género humano. Lo que —estamos obligados a constatarlo hoy— ese desarrollo ha provocado verificar en ese sentido el diagnóstico de Whitehead contra la civilización moderna: el arte de imaginar ha sido monopolizado por especialistas convertidos en profesionales sordos a inquietudes y protestas. Los que se inquietaban y protestaban fueron acusados de querer trabar la marcha ineluctable del progreso —el enunciado de Pascal Lamy «no se detiene a los relojes» todavía resuena en mi cabeza—. Whitehead había escrito que toda sociedad (es decir, ya veremos, todo lo que perdura en tanto perdura) depende de la paciencia que tenga su medioambiente con la manera en que esta lo afecta. La Tierra agotó su paciencia y el tictac de los relojes se ha vuelto amenazante.

Caminando junto a Whitehead, hice la elección de mantenerme fiel a él en el modo de «y yo agregaría algo más» allí donde podía y de tomar el relevo cuando sentí que mi época no solo me permitía decir algo más, sino que me pedía decirlo de otra manera. Esta toma de relevo no concierne al sistema conceptual de Whitehead, pues este funciona sobre sus propias condiciones, a la manera de una máquina de hacer pensar. Emprender su modificación es emprender reconstruirlo, ambición que no tengo, y menos aun cuando sin duda le debo el ser capaz de pensar con quienes siento ser mis contemporáneos. A él le debo osar aventurarme con ellas y ellos en esa zona de indiscernibilidad donde ya no se sabe si la lengua que hablo sigue siendo de la época moderna. Sin embargo, me atendré a los textos, principalmente *Modos de pensamiento*, en donde Whitehead, heredero de su propia aventura conceptual, se dirigía a sus contemporáneos y buscaba compartirles el gusto por un pensamiento que no somete aquello que tenemos derecho a saber. Tomemos algunos de esos textos:

«En el género humano, está todavía presente nuestra dependencia dominante con el funcionamiento corporal. Sin embargo la vida de un ser humano recibe su valor, su importancia, por la manera en que ideales no realizados dan forma a sus intenciones y colorean sus acciones. La diferencia entre los hombres y los animales no es, en cierto sentido, más que una diferencia de grado. Pero la extensión de este grado hace toda la diferencia. El Rubicón ha sido atravesado».[31]

«(El alma humana) no medita con facilidad sobre las actividades de las funciones corporales fundamentales. En lugar de fijar su atención en la digestión de su alimento vegetal, capta los rayos de sol que atraviesan el follaje y así nutre la poesía. Los humanos son los hijos del Universo, con sus locas empresas y sus esperanzas irracionales. Un árbol está enteramente abocado a lo suyo, sobrevivir. Y lo mismo una ostra, con algunas diferencias menores. La meta de la vida, sobrevivir, se modifica en meta humana, sobrevivir para una experiencia diversificada que tenga valor».[32]

Whitehead debió escandalizar a todos esos pensadores de su época que definían al humano como un ser pensante, como *sapiens*. Para él, si el Rubicón fue atravesado es porque una «extravagante novedad», «a veces beatificada, a veces condenada y a veces literalmente patentada y protegida por una patente de propiedad»,[33] atestigua la insistencia de lo que podría ser y que sin embargo no es, la insistencia de alternativas no realizadas se ha introducido en el mundo. Sin ese sentido de lo posible que transfigura lo «dado», no habría, y Whitehead no deja de recordarlo, ni moral, ni religión, ni técnica ni tampoco (lo olvidamos tan seguido) ciencias. Ni de hecho tampoco filosofía. Ni sentido común rumiando los aspectos de la existencia, porque si rumia es que quiere más.

Caracterizar lo humano por sus locas empresas y sus esperanzas irracionales crea, por cierto, una distancia interesante con los discursos sobre la racionalidad propia del que fue bautizado «*sapiens*», pero también pone de manifiesto que ciertas preguntas que nos atormentan hoy no inquietaban a Whitehead. No se trata solo de los animales, de la pregunta ahora viva de la excepción humana que pretendemos con relación a ellos. Más bien puede concernir a esos árboles que hacen mucho más que sobrevivir. Ese Rubicón atravesado hizo fruncir las cejas de Donna Haraway: a pesar de la liberalidad con que

[31] MP, p. 49 (esp., pp. 37-38).
[32] *Ibidem*, pp. 52-53 (esp., p. 42).
[33] *Ibidem*, p. 48 (esp., p. 37).

Whitehead acordaba no solo saberes empíricos a los animales «superiores», sino además emociones, ella sintió el eco de una travesía sin retorno, de la fundación de un Imperio, de una Historia cuyos únicos protagonistas serían los humanos. Humanos, hoy no podemos ni debemos olvidarlo, cuyas «locas empresas», cuya sensibilidad a las alternativas no realizadas, no solamente piden la vigilancia de la filosofía. ¿Podemos, aunque sea de manera poética, caracterizar lo humano en tanto tal por medio de rasgos que, ante todo, convienen a nuestra civilización? Recordemos la siniestra tesis jurídica de la *terra nullius*, que definía como no pertenecientes a nadie las tierras habitadas por pueblos «perezosos» que, ajenos al espíritu de empresa, no se habían puesto a labrarlas. Pueblos cuyas «tradiciones» debieron ser destruidas porque supuestamente iban a asfixiar la insistencia de las alternativas que sí le dan valor a la vida humana. ¿Fue el humano quien atravesó el Rubicón, entendido como separar la «naturaleza» —que es— y la «cultura» —que alimenta lo que «puede ser»—? ¿O fue el colonizador, a cargo de la «loca» misión de civilizar al género humano, animado por lo posible que constituyeron los mundos a explotar?

No deberíamos concluir aquí que hoy sabemos lo que la pertenencia de Whitehead a su época le hacía ignorar. Nuestras preguntas contemporáneas, que su época no planteó, son menos algo que nos hace pensar que algo que nos pone a prueba. Pues la denuncia del pasado no puede ocupar el lugar del pensamiento, ni la culpa, el de principio.

Como siempre con Whitehead, no hay que ir tan aprisa. Hay que oír el grito que lo compromete, en tanto filósofo del bando del sentido común y en contra de la absurdidad de las doctrinas que se vanaglorian de despachar a la subjetividad arbitraria no solamente aquello a lo que deben su existencia —la fe en un posible—, sino también aquello que las anima cuando enseñan la necesidad de juzgar las cosas objetivamente: la alternativa no realizada de una humanidad al fin liberada de sus ilusiones. Ese grito es «somos los hijos del universo». A tal punto estamos acostumbrados a pensar un universo indiferente a lo que pone a vibrar nuestras experiencias que a cualquier tesis la reconocemos como «sin duda objetiva», de momento que se muestre como una «verdad que hiere», es decir, que se traduzca en una derrota del sentido común. El grito de Whitehead es aquel que su aventura metafísica le autoriza a dar, una metafísica que no dice nada del «hombre». Es el universo, así como lo concibe su metafísica, en sí mismo, en tanto haciéndose, lo que da sentido a lo posible, a la insistencia de las alternativas no realizadas, al vínculo entre existencia y valor, y de un modo que puede concernir al árbol, a la ostra así como al humano.

> «No tenemos derecho a desfigurar la experiencia del valor que es la esencia misma del universo».[34]

«Somos los hijos del universo» comunica con una obligación, un compromiso contra la absurdidad en la que participó la filosofía moderna cuando emprendió locamente hacer de los emprendedores modernos el prototipo del humano que, por fin, llegó a la edad de la razón. El propio Whitehead no llegó más lejos, no interrogó otras maneras de «hacer valor» de otros hijos del universo. Pero su metafísica sí puede ayudar, ayer y hoy, a aflojar los dilemas inevitables que nos están estrangulando.

---

[34] *Ibidem*, pp. 130-131 (esp., p. 129).

CAPÍTULO 2
El influjo de la bifurcación

Hacer bifurcar la naturaleza

QUEDA CLARO QUE civilizar no es domesticar ni suavizar. Whitehead no concibe intentar devolverles la razón a nuestras locas empresas ni a nuestras esperanzas irracionales, ni proponer para lo que sabemos una definición que tenga una vocación de consenso. El sentido común que hay que habilitar a resistir no hará prevalecer un saber por fin «concreto» en contra de la abstracción de nuestros saberes especializados. Lo que le plantea problema es la autoridad revindicada por esos modos de abstracción que implementan esos saberes, su capacidad de separarnos de aquello que sabemos.

Whitehead, matemático, se convirtió en filósofo para crear la posibilidad de una coherencia en el punto, para él neurálgico, en que esos modos de abstracción cargan con lo que él consideraba una pura y simple absurdidad, podríamos decir la madre de todas las batallas contra el sentido común. Es lo que llama la «bifurcación de la naturaleza», que la separa en dos registros bien distintos. Habría de un lado una naturaleza objetiva, regida por la causalidad, que causa nuestra experiencia perceptiva en particular, y del otro la naturaleza tal como la percibimos, rica en sonidos, colores, olores, pero también valores, emociones, miedos, furores; esa naturaleza solo sería aparente, y su único responsable sería el espíritu humano. Esto significa que los que osan admirar una puesta de sol, en realidad admiran algo que ellos mismos hacen existir. «Los poetas se equivocan de medio a medio. Deberían dirigir sus poemas a sí mismos y hacer odas de auto-felicitación por la excelencia del espíritu humano».[1]

Combatir una absurdidad no es promover una verdad. Pensar en términos de esta bifurcación, a pesar de las absurdidades que arrastra, puede constituir un poderoso ejemplo de loca empresa y esperanza irracional, pero no nos dice dónde están la sabiduría y la razón. En este caso, lo que Whitehead quiere hacer sentir es un abuso de poder puro y simple que hay que rechazar en bloque: «todo lo que percibimos está en la naturaleza. No tenemos derecho a elegir a nuestro antojo. El enrojecimiento del sol que se pone debería pertenecer tanto a la naturaleza como las moléculas y a la radiación electromagnética a las que acuden los científicos para explicar este fenómeno».[2]

No nos engañemos, Whitehead no anuncia el proyecto de conciliar lo inconciliable. Él protesta en contra de una incoherencia en el sentido matemático, es decir, una disyunción arbitraria entre principios de inteligibilidad que cada cual se da como autosuficientes, como si pudieran ser definidos con total independencia unos de otros, cuando en realidad se definen unos contra otros. La naturaleza «objetiva» es definida como independiente del espíritu, y es a la vez objeto de conocimiento, capaz de prevalecer contra de las apariencias. La naturaleza «aparente», ella, sería capaz de revindicar todo lo que conocemos, de hacer del conocimiento objetivo de las alas de un avión, de moléculas o de la radiación electromagnética, algo de lo cual el espíritu humano es el único responsable. «Pertenecer tanto a... como...» afirma la necesidad de crear una concepción coherente de la naturaleza, no de reconciliar lo que se define como opuesto, como si la naturaleza encarnara poderes antagonistas.

En su primer verdadero ensayo de filosofía, *El concepto de naturaleza*, Whitehead no hará el intento de concebir una naturaleza que fuera algo cuya belleza celebra el poeta y que «a la vez» el científico explica objetivamente. Él crea un «concepto de naturaleza» —aquello de lo que se tiene experiencia en la percepción— que articula al espíritu humano que percibe no con lo que percibe, sino con «aquello de lo

---

[1] CMM, pp. 73-74 (esp., p. 72).

[2] Alfred North Whitehead, *Le Concept de la Nature* (en adelante CN), Vrin, París, 1998, p. 53 (esp., p. 40, *El concepto de naturaleza*, Ed. Gredos 1968 [1919], traducción de Jesús Díaz).

que» hay experiencia. La naturaleza no será definida «en sí» ni «para nosotros», será concebida en tanto que le «da prensión» a la variedad de experiencias perceptivas, ya sea la del poeta, del científico o de un conejo al acecho. Así, el concepto de naturaleza está hecho para no dar armas a ninguna contradicción entre naturaleza objetiva y subjetiva que derive de nuestra propia responsabilidad. Pone el acento en la diversidad de las prensiones, es decir, de los modos de abstracción para los cuales la naturaleza es apta.

Hasta el final de su vida, Whitehead tuvo como interlocutores privilegiados a tres pensadores que, para él, contribuyeron poderosamente a instituir la bifurcación de la naturaleza y a constituirla como un horizonte de pensamiento insuperable: Newton, Hume y Kant.

Me detendré aquí principalmente en Newton, ya que fue él, y el linaje de físicos matemáticos que descienden de él a Einstein, quien dio a esta bifurcación una autoridad diferente de la distinción filosófica afirmada por los atomistas entre cualidades primarias y secundarias. Newton, en tanto figura casi legendaria (independientemente de lo que él mismo pensó, imaginó e intentó) puede ser asociado al descubrimiento triunfal de una naturaleza objetiva, regida por leyes universales que la simple observación y el cálculo le permitieron formular. Ese triunfo, expresado por la célebre respuesta del astrónomo Laplace a Napoleón —«Solo habrá un solo Newton, ya que solo había un mundo por descubrir»—, es también, para Whitehead, el triunfo de la noción de hecho autosuficiente. Newton pudo atenerse a los hechos: la observación de las posiciones sucesivas de tal planeta en el curso del tiempo le basta para autorizar, en términos de cálculos eventualmente complicados, la determinación de su órbita. Y otras observaciones bastan para mostrar que esta órbita obedece a la misma ley que rige el movimiento de los demás planetas, y también la trayectoria del misterioso cometa cuyo regreso periódico a nuestro cielo ha sido objeto de observaciones desde hace siglos.

Para los físicos, la noción de naturaleza «conocible tal y como es en sí misma» no plantea ningún problema filosófico. Está asociada típicamente a leyes que, según proclaman algunos sin desatar escándalo ninguno, si extraterrestres que supieran observar y calcular en algún lugar del universo desarrollaran un interés activo por el funcionamiento de la realidad, inevitablemente deberán haber formulado leyes similares. Los extraterrestres figuran aquí como seres cuyos modos de pensar y sentir, su cultura y sus ideas nos son perfectamente desconocidos. Ignoramos lo que es para ellos la «naturaleza aparente». Pero los hechos se bastan a sí mismos, lo demás puede ser puesto entre paréntesis: basta que esos extraterrestres estén equipados para observar y sean capaces de construir razonamientos matemáticos para que se pongan todos de acuerdo gracias a la «realidad física» que estudian.[3]

Desde luego, otras leyes han remplazado a las de Newton para caracterizar «el único mundo por descubrir». Max Planck, el iniciador del argumento «extraterrestre», le adjudicó el trofeo a la conservación de la energía. Hoy, algunos proponen la teoría cuántica de los campos. Y, por supuesto, la relatividad general de Einstein figura en un buen puesto, por haber limitado la física newtoniana a una aproximación válida solamente para los cuerpos pesados y lentos.

Whitehead participó del momento histórico en que se afirmó la refutación del edificio teórico newtoniano, considerado hasta entonces inquebrantable. Comparó, de hecho, ese episodio con una tragedia griega, cuya esencia, escribió, estriba en «la solemnidad del desarrollo despiadado de las cosas».[4] Pero el nuevo universo inteligible de Einstein, en donde la gravitación universal era absorbida por la geometría del espacio-tiempo, no llegó a convencerlo. Desde 1922, de hecho, propuso una alternativa a la relatividad general, cuya estructura conceptual lo dejaba insatisfecho.

Otras teorías alternativas fueron propuestas en esa época, pero para ciertos especialistas, la de Whitehead todavía se sostiene. Que no haya movilizado el interés de los físicos no tiene nada de sorprendente, ya que contrariamente a la de Einstein, la alternativa de Whitehead pone en cuestión el triunfo de una física que accede a leyes universales. Lo que la teoría de Whitehead propone, sin estruendo, es que la física se vuelva una ciencia entre otras y que, como las otras, tenga que vérselas con seres que afectan su medio y son, de

---

[3] Estos extraterrestres, al pasar cerca de la Tierra en sus peregrinaciones turísticas, la mirarían del modo que propuso un dibujo publicado en los diarios a la ocasión del centenario del nacimiento de Einstein: la Tierra, planeta entre muchos otros en el cielo estrellado, lleva una placa conmemorativa que pone «Aquí nació Albert Einstein».

[4] CMM, p. 28 (esp., p. 24).

vuelta, afectados por él. Según esta teoría, incumbe a cada cuerpo masivo definir su propia significación espacio-temporal, es decir, su propia discriminación entre lo que es espacio y lo que es tiempo. La gravitación ya no es una ley a la cual estaría sometido el movimiento de los cuerpos, sino la manifestación de las relaciones entre estratificaciones que los diferentes cuerpos a los cuales atribuimos masa definen por su propia cuenta. En otros términos, no es que la teoría de Whitehead se limite a rechazar la «absorción» de la física gravitacional de Newton al espacio-tiempo einsteniano, sino que pone en cuestión la universalidad de la misma física gravitacional.

Pareciera que a Whitehead no le sorprendió que su formulación alternativa de la relatividad general no fuera apreciada sino por unos pocos entendidos. En 1922 tomó el camino que haría de él un filósofo, y sin duda su punto importante fue poder habido mostrar que la relatividad general, tan novadora y pertinente como fuera, no imponía que el universo fuera «reducido a una futilidad estática, desprovista de vida y de movimiento» o a un orden inmutable «concebido como la perfección última».[5]

El alcance de las leyes de Newton no se limita al dominio que atestigua este orden inmutable. Desde que Laplace inventó su famoso demonio para referirse al conocimiento perfecto hecho posible por el orden newtoniano, ese tipo de referencias ha sido objeto de numerosas reiteraciones, pues impide dejarse detener y desarmar aquello que permitiría discutir la validez de una explicación. Laplace evocó a su demonio —esa pura inteligencia capaz de contemplar, a la manera de un astrónomo, un estado instantáneo del universo (newtoniano) y de derivar de la definición de ese estado tanto el pasado como el futuro de ese universo— para justificar la necesidad en la que seguimos de recurrir a las probabilidades, es decir, la imposibilidad en la mayoría de los casos de realizar las previsiones deterministas asociadas al orden newtoniano. Las probabilidades no pertenecen a la realidad física newtoniana, pero, gracias al demonio de Laplace, no la ponen en cuestión: el curso de las cosas se nos muestra indeterminado solo porque nuestros medios humanos de observación y cálculo son aproximativos. Y, así, se puede oír a neurofisiólogos afirmar:

[5] MP, p. 101 (esp., p. 96).

si pudiéramos definir el estado instantáneo del sistema nervioso central de alguien en términos de todos sus componentes, podríamos deducir la experiencia de ese alguien en ese instante y despachar por fin al pasado cualquier idea de libertad o de espontaneidad. Naturalmente, los neurofisiólogos no pueden compartir los logros de la física contemporánea, pero pueden reciclar el ideal de la perfección asociado al demonio de Laplace: si solo pudiéramos...

Exorcizar este ideal de perfección implicaría entonces, tal vez, dramatizar el hecho de que el demonio de Laplace, que supuestamente puede preverlo todo, no reduciría solamente lo que nos importa a una futilidad estática, sino que tampoco podría responder a ninguna de nuestras preguntas. Pues desde su punto de vista, al parecer omnisciente, nada plantea preguntas. Nuestras preguntas demuestran que nuestro conocimiento es imperfecto. Por eso, afirmará con fuerza Whitehead, el ideal de perfección concluye en una pura tautología,[6] en este caso, una sucesión de estados definidos por su equivalencia. El demonio pareciera haberse escapado de las apariencias y salido de la tradicional caverna de Platón, pero, en esta versión física, una vez afuera ya no puede ver, encandilado y cegado por el sol, es incapaz de distinguir nada. Como escribe Whitehead acerca de la física de su época, solo puede repetir «esto es así»[7] en una forma de «canto místico».[8]

La bifurcación de la naturaleza encuentra al segundo de sus pensadores tutelares en la persona de David Hume, que concibió un campo perceptivo cuidadosamente purificado de todo lo que pudiera prometer acceso a una realidad autosuficiente, sostenida por sí misma. Aquí, la naturaleza «aparente» es quien se lleva la apuesta: la responsabilidad de toda interpretación sobre la manera en que la naturaleza se sostiene deriva de una construcción humana. Nada de lo que llamamos naturaleza puede revindicar la menor inteligibilidad intrínseca, ni, en particular, autorizar la identificación «objetiva» entre causas y efectos. «La pura percepción por los sentidos no entrega los datos necesarios para su propia interpretación».[9]

---

[6] *Ibidem*, p. 114 (esp., p. 111).
[7] *Ibidem*, p. 102 (esp., p. 97).
[8] *Ibidem*, p. 155 (esp., p. 157).
[9] *Ibidem*, p. 153 (esp., p. 154).

Cuando Whitehead se refiere a Hume, lo hace como a un colega filósofo que ha exagerado netamente con la intención de demostrar. Para negar que la realidad tenga el poder de causar lo que sea, Hume «hace como si». Al argumentar, presenta las sensaciones visuales como si nacieran en nuestras almas gracias a causas desconocidas. Pero en otra parte, cuando se deja llevar, Hume escribe lo que todo el mundo sabe: «Vemos con nuestros ojos». Y Whitehead comenta: «Las causas no son en nada "desconocidas", y entre ellas están la eficiencia de los ojos. Si Hume se hubiera detenido a buscar otras causas de las sensaciones visuales —como la agudeza visual o un consumo excesivo de alcohol— habría dudado antes de profesar su ignorancia. Si las causas fueran verdaderamente desconocidas, sería absurdo preocuparse por la vista y por la intoxicación etílica. Que existan oculistas y prohibicionistas demuestra que hay varias causas bien conocidas».[10]

La entrada en escena de oculistas y prohibicionistas como aliados en una argumentación filosófica solo puede hacer sobresaltar al filósofo serio. Es como si Whitehead hiciera una alianza con el sentido común o con la célebre sirvienta de Tracia que se reía de Tales cuando se cayó en un pozo, demasiado absorbido por el cielo para ver lo que había a sus pies. No está impresionado por la grandeza del combate que daba Hume en contra de la atribución a lo que vemos del poder de causar la visión. Para Whitehead, no hay que temer la eficiencia de los ojos. «Así, cuando digo "veo una mancha azul allá" (...), nada puede ser más simple o más abstracto. Y sin embargo, a menos que el físico o el fisiólogo digan que las cosas no tienen sentido, hay toda una terrible historia de compleja actividad que la abstracción omite».[11] Y la omisión es tanto más difícil de mantener cuanto Hume debe prohibirse percibir, por ejemplo, una prenda de vestir azul: el hecho del «azul allí» debe permanecer árido, no puro sino activamente purificado de todo lo que invitaría a la interpretación. El sensualismo es un hiperintelectualismo.

¿Podemos ser herederos a la vez de Newton y de Hume? Llegamos a Kant, «el primer filósofo en combinar a Newton con Hume.

---

[10] PR, p. 286 (esp., p. 236).
[11] MP, p. 141 (esp., p. 141).

Los aceptó a ambos, y sus tres Críticas fueron su tentativa de volver inteligible la situación "humeo-newtoniana"».[12] Kant, podría decirse, no solamente erigió la bifurcación de la naturaleza en una doctrina, sino que inventó otra, la de la experiencia humana misma, que bifurca entre la experiencia empírica de los valores y la ley moral, vacía, pero imperativa.

Es notable que Kant ratifique el carácter universal del modo de explicación asociado a la física newtoniana. Ese modo de explicación no designa al mundo tal y como existe independientemente del que lo percibe, sino que caracteriza la manera en que el sujeto kantiano constituye al objeto que percibe. En otros términos, el logro newtoniano no dice nada del mundo, no lo explica. Su verdadero logro consiste en haber despejado y activado categorías que corresponden a los principios constitutivos de su objeto. Los hechos percibidos parecieran ser suficientes para definir al objeto, pues al responder a las categorías de la percepción, solo pueden dar testimonio en los términos de esos principios.

Es inútil decir que los físicos recibieron fríamente la noticia. Pero fue pan sagrado para las ciencias que, sin poder pretender a los logros de la física, se propusieron imitarla —no tenemos alternativa, la única aproximación racional a lo que estudiamos es seguir su ejemplo—. Ya no hay necesidad de referencia al conocimiento infinito del demonio de Laplace. Una forma de determinismo de principios basta para introducir una bifurcación entre lo empírico, rico en accidentes y acontecimientos —Vida y Movimiento, como lo escribió muchas veces Whitehead— y su inteligibilidad racional, implementando categorías que no hacen más que explicitar los principios que «preformatean» al objeto. Y es allí también donde Kant introduce una bifurcación suplementaria que viene a proteger la moralidad. Pues el sujeto, si es descrito racionalmente, será entendido en términos de aquello que lo determina, es decir, como intrínsecamente irresponsable, que padece allí donde cree decidir. De lo que se trata es de preservar la responsabilidad, no el sentido de los valores o de la importancia. Kant instituye para ello un «sujeto trascendental», afuera del tejido causal, que asegura la posibilidad de imputar un acto a aquel que lo comete. Con el

[12] *Ibidem*, p. 154 (esp., p. 156).

fin de que la bifurcación esté bien zanjada, y no manchada con ataduras empíricas, la imputación pondrá en juego una responsabilidad pura: no hay excusas, no hay buenas intenciones, no hay explicaciones. «¡No debiste!» expresa la autoridad inflexible de una ley moral universal, indiferente a las circunstancias y a las razones.

Kant, agregaría yo, no solamente combinó a Newton con Hume. Instituyó dominios de legitimidad territorial y proscribió cualquier operación de contrabando. Queda prohibido tomar en cuenta los saberes que contravienen al triple encuadre crítico instituido, que asegura desde entonces una soberanía exclusiva en derecho a los dueños de los territorios de lo que fue lo Verdadero (Razón pura), el Bien (Razón práctica) y lo Bello (Juicio). Se comprende aquí el influjo y la estabilidad del régimen de bifurcación, ya que este condiciona tanto el resguardo de cada uno de los territorios como las tentativas de anexión de las que son objeto esporádicamente. Y el sentido común debe permanecer fuera de juego. Cuando los neurofisiólogos pretenden «naturalizar el espíritu» y los guardianes escandalizados de la subjetividad humana se movilizan, el sentido común se vuelve un testigo perplejo de un conflicto entre los representantes del irresistible avance de «la ciencia» y los defensores heroicos de un «sujeto» atacado por fuerzas bárbaras. La paz territorial es una paz armada, y el único punto de acuerdo entre sus protagonistas es que «la gente», si quiere tomar partido, si quiere aprender a diferenciar las voces legítimas de las voces de los impostores, no debe inmiscuirse en la definición de los territorios.

Sin embargo, se podrá decir que Newton, Hume y Kant están muy lejos. ¿De dónde viene el que usted pueda describirlos como si su poder estuviera intacto?

Atención con la jugada del mal

«Y, entonces, ¿no crees que exista la realidad física independientemente de lo que pensamos?». Ya vimos que los pensadores críticos, durante la famosa guerra de las ciencias, tuvieron que vérselas con ese tipo de interpelación, a veces acompañada de la proposición de lanzarse por la ventana desde el onceavo piso de un edificio. Subrayé el carácter un poco aberrante de la proposición —como si uno de los logros de la física moderna hubiera sido establecer que una caída tiene malas consecuencias—, y quisiera volver sobre otro aspecto de este lanzamiento de reto. Si es una caída lo que se propone y no, por ejemplo, la fecha y hora precisas del próximo eclipse solar o las regiones del globo en que este estará visible es que el acontecimiento del logro no cuenta. Incluso si el ser humano más ignorante, y hasta cualquier mascota, saben que no hay que confundir la puerta con la ventana, para los físicos esa caída pertenece a la «realidad física» igual que la física celeste, nombre que le dan a la naturaleza, que es lo que es independientemente del espíritu humano. En resumen, es una interpelación que pone en escena la bifurcación de la naturaleza.

Quisiera asociar la manera con que el físico piensa poner contra la pared a aquel que duda con aquello que Whitehead caracterizaba como la «jugada del mal», cuando las pretensiones de algo nuevo suscitan en una sociedad un rechazo furioso y dogmático: «Insistir en nacer en la estación equivocada del año es la jugada del mal. En otros términos, el hecho nuevo puede hacer reprimir, inhibir y diferir».[13]

En *El devenir de la religión* aparece la misma idea, pero bajo la modalidad de un mal que promueve su propia eliminación «por medio de la destrucción de cosas más grandes que él»,[14] es decir, la destrucción de lo que podría haber sido si, al sufrimiento suscitado por lo que hace el daño no hubiera respondido la eliminación de la sensibilidad que expone a ese sufrimiento. En ambos casos, no hay «mal en sí». Lo que hace intrusión, podría decirse, no es malo sino porque suscita un rechazo dogmático o furioso. Pero ese rechazo solo puede ser provisorio. Ocurre que la inhibición sea levantada, que lo que fue recibido como una contradicción insoportable se transforme en un

---

[13] PR, p. 359 (esp., p. 304). En la edición francesa, los traductores eligieron hacer del mal un sujeto activo –su jugada [fr., *ruse*] sería provocar el nacimiento de un hecho nuevo en el mal momento–; Whitehead no dice eso («*Insistence on birth at the wrong season is the trick of evil*»), y habría seguramente repudiado cualquier analogía con la astucia de la razón de Hegel.

[14] Alfred North Whitehead, *Religion in the Making*, Fordham University Press, Nueva York, 1996 [1926], p. 95.

contraste. Tal posible, sin embargo, no se programa ni se deduce de ninguna trascendencia. Lo que demanda, tanto para Whitehead como para William James,[15] es más bien pensar en su presencia, es decir, de un modo que, sin permitir trascender la época o ver más allá de ella, rechaza ratificar «en derecho» lo que en esa época parece excluido o imposible.

Hablar de una jugada del mal allí donde podríamos estar tentados de reconocer la venerada figura de la «verdad que hiere», la verdad que se reconoce por su carácter difícilmente soportable y por las reacciones dolorosas que suscita, consiste en despojar a esa verdad de su heroísmo, de su pretensión de ser portadora de una ruptura radical que explicaría su rechazo. Y también poner a ese rechazo bajo el signo de un «no sabemos»: no sabemos si, presentado de otra manera, lo que se propone hubiera sido juzgado extraño, un poco molesto tal vez, pero no amenazante. Es el «no lo sabemos» de un matemático, para quien una contradicción es siempre relativa a la manera en que los términos fueron definidos, y es susceptible de desaparecer si la definición es modificada —lo típico: si una parte de lo que omitía pasa a ser explicitada bajo la forma de una condición restrictiva de validez—. Lo que la jugada del mal reprime, inhibe o difiere es la posibilidad de que pueda haber una incidencia en la relación que cada parte interesada entretiene con lo que la justifica, y las pretensiones se vuelven rígidas, implacables.

El que se haya podido poner la guerra de las ciencias bajo el signo de la jugada del mal implica que no era necesaria, que no traducía ningún conflicto insuperable entre pensadores críticos y profesionales científicos. De hecho, los críticos no tenían ninguna necesidad de repetir el gesto escéptico de Hume, de definir la realidad como muda, incapaz de proveer lo que justifique su interpretación (a lo más son unas condiciones que limitan la libertad de interpretación) ni, de esa manera, movilizar a los científicos en torno a la afirmación de una naturaleza bifurcada. La mayoría de los críticos estaba estudiando «la ciencia haciéndose», ya sea en terreno o en archivos. Publicaban relatos nuevos y esclarecedores que ya no ponían en escena a un

---

[15] Véase William James, «Les moralistes et la vie morale », *La Volonté de croire*, Seuil, París, 2005.

sujeto conocedor que se interroga sobre la legitimidad de su interpretación de los hechos, sino a científicos activos, emprendedores,
equipados. Desde hacía mucho que esos científicos habían dejado
de lidiar únicamente con hechos provenientes de la percepción, sus
instrumentos les daban el poder de observar hechos altamente
construidos, cuya obtención presupone, como podría haberlo dicho
Whitehead, «una terrible historia de actividad compleja», la de generaciones de investigadores y técnicos que elaboraron y pusieron a
prueba dispositivos que luego serían transformados en instrumentos
que hicieron posible nuevos hechos. Así, la antigua bifurcación entre
cualidades primarias y secundarias parecía bastante lejana.

Si fue una estación equivocada, se debe, a mi parecer, a que el
tema de la bifurcación no había perdido nada de su poder, ni sobre
los científicos ni sobre los pensadores críticos. Las ciencias, en su
proliferante diversidad, estaban entonces unidas por una misma pretensión que reproduce la descalificación, de la que esta bifurcación es
portadora, hacia lo que no era más que aparente.

Hoy la institución llamada «La Ciencia» pone a bifurcar todo lo
que toca, en el sentido de que en todas partes opone la objetividad
de los hechos a la subjetividad de las opiniones. Por supuesto es una
unidad de fachada, y un físico que se respete solo puede tener desprecio por los «hechos» de un psicólogo. Pero la pretensión epistemológica ostentada en común, la de un saber que debe su autoridad a
los hechos en los que se funda, la convierte en una máquina predadora. Le da armas a la institución en contra de lo que llama opinión. Y
correlativamente, los científicos deben hacer causa común en tanto
participan todos del avance del conocimiento objetivo. Fue, sin duda,
el que los críticos tuvieran en la mira a la autoridad reivindicada por
La Ciencia lo que los llevó a ocupar la posición de antagonista que
les ofrecía la bifurcación, posición de un escepticismo intransigente,
de una voluntad de desmitificación que no iba a dejarse confundir
por preguntas secundarias como, por ejemplo, la diferencia entre la
medida objetiva de la radioactividad y la medida objetiva del coeficiente intelectual (ci) de la inteligencia humana.

Si hubo jugada del mal, sería entonces porque al elegir el terreno
epistemológico de la desmitificación del poder de los hechos, los críticos de las ciencias dieron a las historias complejas que aprendieron

a narrar una vocación simple, el eterno retorno de una misma conclusión: los hechos son en-sí-mismos incapaces de poner a los científicos de acuerdo, solamente después de su acuerdo, obtenido por medios de otra índole, los hechos adquieren su famosa significación objetiva. En lugar de intentar complicar las pretensiones de La Ciencia, de activar una inteligencia crítica acerca de la diversidad de hechos que aspiran a la objetividad —y, por tanto, a la diversidad de retos y de beneficiados (¿*cui bono*?) con la autoridad pretendida por esos hechos—, crearon una causa común, un «nosotros» que unió a científicos que no tenían mucho en común movilizado para defender la ciencia de los ataques.

Si puse de ejemplo el contraste entre la medición de la radioactividad y la del CI es porque la segunda estuvo en la mira del movimiento Science for the People, en el cual estaban comprometidos muchos científicos que combatían saberes que estimaban ser vectores de desigualdad y discriminación. Para el caso, el CI fue denunciado como científicamente indigente y políticamente maligno, fundado en desempeños de tipo escolar que transformaban diferencias socioculturales en atributos intrínsecos de la persona. La bióloga Hilary Rose, participante de ese movimiento, buscó alianzas con pensadores críticos y relató su desengaño al darse cuenta de que estos estaban muy disponibles para participar en una crítica del CI, pero para nada en una crítica en tanto que «mala ciencia», pues según ellos eso hubiera significado que hay buenas ciencias.[16] La miraron con la indulgencia irónica adecuada cuando se está ante científicos de buena voluntad, pero desesperantemente ingenuos. A ellos no se les engaña. Ellos irían hasta la raíz del problema, esto es, aún y siempre: la pretensión propia de los científicos cuando le otorgan a sus construcciones sociales el poder, al que tienden por naturaleza, de poner a todo el mundo de acuerdo.

Hoy, la mayoría de los estudios sociales sobre ciencias y técnicas ha abandonado esta vocación de desmitificación. Pero la cuestión de saber cómo hablar de los hechos científicos, evidentemente, sigue siendo de actualidad. Y la tentación de ver hoy una continuación de

---

[16] Hilary Rose, «Science Wars: My Enemy's Enemy is – Only Perhaps – My Friend», *Social Text*, vol. 45-46, pp. 61-80, 1996.

la guerra académica —que hace unos veinte años causó estragos— en la manera con que los hechos son atacados o negados por aquellos a los que molestan forma parte de lo que Whitehead llama la «jugada del mal». Esta podría reforzar la unión santa en torno a «hechos científicos», sean cuales sean, y defenderlos a todos en tanto inocentes víctimas del oscurantismo. No me van a hacer marchar por la calle para defender La Ciencia. Para resistir a esta tentación, tenemos que recordar que la institución llamada La Ciencia no tiene nada de inocente. Es ella la que confunde los hechos dignos de ser defendidos y aquellos que, indigentes, nutren la sempiterna oposición que perenniza la bifurcación: «Ustedes creen que… nosotros sabemos».

Por el contrario, la manera en que los activistas anti-OGM han sabido distinguir entre OGM de laboratorio y OGM en tanto innovación para la agricultura es profundamente inspiradora. Entendieron que un hecho podía ser sólido, pero solo desde el punto de vista de las pruebas que testearon esa solidez, y que es mudo respecto de aquello que el modo de abstracción prevalecido pide que sea omitido, esto es, pruebas que no ocurren en el laboratorio. Ahora bien, en el caso del CI, el «hecho» demandaba remontarse hasta su concepción, hasta el proyecto mismo de hacer de la inteligencia un rasgo objetivo, en el sentido de independiente de las historias de vida y de las desigualdades que marcan esas historias. ¿Cómo —con este rasgo, cuya sola vocación es ser medido— sorprenderse de que nos encontremos ante lo que Stephen J. Gould llamó una historia de falsa medida[17]? Por su parte, la posibilidad de modificar genéticamente un viviente debe ser reconocida para así poder hacer reconocer que ese «hecho» podría esconder muchos otros, todos los que caracterizarán las consecuencias de la innovación. No se trata aquí de reducir la objetividad a una construcción social engañadora, sino de subrayar que su significación es precaria. Solo escapan de esta precariedad las definiciones «objetivas» hechas para imponerse sobre el terreno que sea; definiciones, si se puede decir, que ocupan el terreno, en el sentido de un ejército ocupante que solo pide sumisión y silencio.

---

[17] Stephen J. Gould, *La Mal-mesure de l'homme*, Odile Jacob, París, 1997.

Entre la objetividad «obtenida» de la definición del OGM de laboratorio y la objetividad identificada con el imperativo de hacer callar los juicios subjetivos, estaríamos tentados de hablar de una simple homonimia, pero el empleo de la misma palabra indica una operación altamente significativa: el paso de la cuestión de la bifurcación del registro filosófico al registro político. El que la bifurcación de la naturaleza haya sobrevivido tanto tiempo no tiene entonces nada de sorprendente. No es por nada del mundo la naturaleza la que bifurca, sino el valor de los saberes. La bifurcación opera ahora como una verdadera máquina de gobierno, que distribuye responsabilidades de un modo binario y disimétrico. De un lado, el alboroto de los juicios de valores y creencias tildados de arbitrarios, en el sentido de que los humanos serán vistos como los responsables de estos; del otro, una definición a la que se le atribuye el poder de, si no poner de acuerdo a esos humanos, hacerlos callar. En todas partes prevalece el mismo imperativo, que pone La Ciencia al servicio del orden público: entréguenos los «hechos» que autoricen su definición.

La importancia de los hechos

Resistir a la bifurcación de la naturaleza demanda, no obstante, algo más que la denuncia de seudohechos y la defensa de los verdaderos hechos obtenidos por medio de la investigación libre y desinteresada. Para Whitehead, se trata de resistir a la idea, propagada desde Galileo («Y sin embargo, ¡la Tierra gira!»), que dice que los hechos obtenidos por la ciencia son libres de valores, y que por eso pueden arbitrar entre humanos desgarrados entre sí por valores discordantes: los hechos vencerán a la opinión porque son lo que son, más allá de lo que podamos pensar.

Ahora bien, para Whitehead, los hechos en el sentido concreto del término, en el sentido de «esto que ocurrió», son aquello con lo que tenemos que vivir y pensar. Pero si, en tanto tales, son inexorablemente lo que son, su valor no es, con certeza, el de un árbitro imparcial. Los hechos en sí mismos no tienen una relación privilegiada con el conocimiento. Un hecho no solo importa porque se produjo y marcó obstinadamente el futuro que heredará de él, sino también porque podría no haberse producido. Lo sabemos, con el ejemplo favorito de Whitehead: «Napoleón fue derrotado en la batalla de Waterloo». Un sinnúmero de libros explora todos los pormenores de este «hecho», y algunos especulan también sobre historias alternativas en las que Napoleón habría triunfado y así contribuyen a acentuar la importancia de la derrota.

El hecho trágico que se asocia a la muerte de un trapecista no es que se haya caído como cualquier cuerpo grave, sino que remite a ese momento terrible en que perdió el equilibrio. Es ese momento lo que puede hacernos sentir lo que Whitehead llamaba un hecho *en un sentido concreto*, «ese» hecho, que afirma su individualidad en que podría no haberse producido, pero se produjo y marcó a sus testigos de manera indeleble. Los hechos que arbitran en el mundo de las ciencias no son nunca individuales. Solo pueden arbitrar por el hecho de haber sido definidos por los retos de la situación en la que están arbitrando, y esos retos despojan a la situación de su individualidad (la cual será llamada «anecdótica»).

Cuando confundimos un hecho individual concreto y un hecho que demuestra, estamos, según Whitehead, bajo el influjo del «mito de los hechos finitos», esos hechos que uno debería poder aislar y definir siempre, a la manera de los hechos que son pruebas. Este mito, por supuesto, nos conduce al error capital de considerar concreto aquello que debe exigir la vigilancia que debemos a nuestros modos de abstracción, esto es, el error de «lo concreto mal situado».[18] Ese error es en sí mismo el testimonio, para nosotros, de la importancia del hecho demostrativo: «Ahuyenten la noción de importancia con una horquilla, ella siempre regresa al galope».[19] Afirmen que los hechos son árbitros imparciales, ajenos a los valores y a las significaciones que les importan a ustedes, y ustedes serán el testimonio del valor que vuelve tan importante al poder de arbitrar.[20]

[18] CMM, p. 70 (esp., p. 68).
[19] MP, p. 32 (esp., p. 19).
[20] Notemos que esta importancia llega hasta justificar que tal arbitraje le sea solicitado a un ser que hace importar su medio (experimentación animal o humana), pero al que se trata como si fuera indiferente al medio que se le impone. El mito de los hechos finitos puede fabricar torturadores.

Whitehead no es irónico, su trabajo no es «hacer admitir» a los que juran por sus hechos que sus hechos son fácticos. El subrayar que los hechos deben su definición a la importancia que revisten para quienes los definen no es rebajar, sino activar la vigilancia y resistir al mito. Lo que pudo ser una prueba para lo que concierne al movimiento de los cuerpos celestes en un medio idealmente rarificado no debe por ningún motivo ser generalizado, no debe volverse un «método».

Es cierto que es legítimo para ciertas prácticas especializadas considerar un hecho como «pura y simplemente sí mismo» y definible en tanto tal. Para las ciencias experimentales es todo el desafío de sus logros, para las matemáticas y la lógica es su condición misma de existencia, para el derecho es lo que producirá el veredicto. Pero los roles jugados por los hechos no apuntan hacia un rol que los reuniría y a los que el mito vendría a generalizar. El «hecho lógico», Sócrates es un hombre, y el «hecho» que retiene el veredicto del tribunal que concluye la culpabilidad de Sócrates, no tienen mucho que ver el uno con el otro.[21] En cuanto al hecho experimental, «el neutrino tiene una masa», un desenlace coronado con el premio Nobel, de una anomalía que preocupó a los físicos durante años,[22] comunica con el apetito del tigre que busca a su presa, invocado por Steven Weinberg. No hay mejor ejemplo del logro que importa a los experimentadores.

Ciertamente, los neutrinos no fueron testimonios directos. Los experimentadores no sintieron directamente esa masa, como el tigre siente sus mandíbulas cerrarse sobre su presa y la sangre caliente invadir su boca. Pero sí se puede hablar, en el caso de ellos, de un objetividad obtenida, en el sentido de que para los experimentadores

---

[21] La imagen de la justicia con los ojos vendados, en una mano la espada y en la otra la balanza, traduce una práctica muy diferente de las prácticas formales de la lógica y de las matemáticas. La justicia no debe ver, vale decir tomar en cuenta, lo que los hechos reclaman que se omita, así, la balanza –productora de conmensurabilidad– podrá ser funcional y la espada –sinónimo de conclusión– podrá zanjar. Sobre la manera en que la venda –definición de lo que será incluido u omitido– y la operación de pesar en la balanza, véase Bruno Latour, *La Fabrique du droit. Une ethnographie du Conseil d'État*, La Découverte, París, 2002. Lógica y matemáticas no necesitan venda, ellas ven solo lo que sus premisas les autorizan que vea.

[22] Sobre este ejemplo, véase Isabelle Stengers, *La Vierge et le Neutrino*, Seuil, París, 2006.

obtener no es lo que los críticos llaman construir. Por cierto, es una obtención que supone muchas construcciones, y los críticos podrán seguir la manera con que, primero, se tuvo que convencer a las instituciones que prestan recursos económicos y, luego, a los colegas que también están en competencia por esos recursos. Para que fuera financiado el dispositivo extremadamente costoso y sofisticado reclamado para la obtención del neutrino dotado de masa fue necesaria toda una historia «social» de negociación, de alianzas, de argumentaciones que lograron hacer que la eventual masa del neutrino fuera importante para todos. Por cierto, también podríamos decir que se volvió a tal punto deseable y esperada por todos, que cada uno encontró el interés de hacerla existir. Y es allí donde los experimentadores se habrían sentido mortalmente insultados y listos para ir a la guerra.

Lo que importa a los experimentadores es que el dispositivo extraordinariamente costoso y sofisticado que lograron agenciar les permita una puesta en relación inédita con lo que llaman neutrinos. Y que esta puesta en relación, de ser necesario, pueda autorizarlos a atribuir una masa a los neutrinos, tiene para ellos un sentido particular: nadie debiera ser capaz de afirmar que esta atribución es solamente el producto de una interpelación humana o un acuerdo entre humanos. Obtener, para ellos significa que toda la construcción social que le permitió al dispositivo existir solo tiene valor con la consumación, el desenlace, la respuesta obtenida de la pregunta.

Por eso, decir que «este neutrino dotado de masa no es, aún y siempre, más que una abstracción de la cual los humanos son los responsables» es decirles a los experimentadores que «la carne es pasto». El pasto no puede huir del rumiante, a diferencia de la pasión del tigre que, a riesgo de fracasar, está correlacionada con la posibilidad de una prensión. El modo de abstracción que se inventa en el laboratorio tiene como valor singular suponer que la prensión que se ensaya puede fallar. Los neutrinos deben ser capaces de *decepcionar la expectativa de los humanos* —o más precisamente, de los especialistas concernidos por la diferencia entre un neutrino con o sin masa— lo que no es el caso de las abstracciones lógico-matemáticas ni de las abstracciones jurídicas (si las acusaciones hubieran sido juzgadas insuficientes, se hubiera establecido otro hecho:

Sócrates no es culpable). El hecho experimental, en ese sentido, *no es ejemplar, sino excepcional.* Por eso, ocurre a veces que los experimentadores se ponen a bailar en sus laboratorios; no es el caso de los lógicos ni de los juristas, aunque sepan también que su logro corre el riesgo de no interesar a nadie más que a los colegas que este involucra.

Lo que los científicos llaman «investigación desinteresada» significa una investigación que no ignora el conjunto de intereses que pueda suscitar, sino todo lo contrario, pero exige que esos intereses se mantengan suspendidos hasta un logro del que solo ellos pueden ser jueces. Solo ellos están llamados a poner a prueba aquello que se presenta como un hecho experimental, con el fin de determinar si el acontecimiento del logro tuvo en efecto lugar: se puede, aquí, atribuirle al fenómeno interrogado la responsabilidad de la respuesta obtenida y afirmar que autoriza al científico a hablar en su nombre.[23] Esto significa que el modo de abstracción experimental efectuado pide ser confrontado con la posibilidad de que haya podido omitir algo que importa, algo cuya omisión implicaría que el hecho obtenido ya no autoriza a nada.

Se podría decir que el logro experimental hace explotar el mito del hecho aislado, al volverlo un logro escaso, eventualmente costoso y además situado. El hecho —que puede pretender ser pura y simplemente sí mismo, y, en tanto tal, capaz de imponerse contra todas las interpretaciones subjetivas— es un hecho obtenido en el laboratorio, y su capacidad para imponerse se limita al colectivo de experimentadores concernidos, y no se impone en contra de las interpretaciones subjetivas, sino en contra de las objeciones competentes que ellos tienen el deber de oponer: «¡Atención! Tu dispositivo omitió esta posibilidad, y si no logras excluirla, ¡fallaste!». Es comprensible que las ciencias experimentales hayan podido suscribir a la bifurcación y a la vez ampliar, a discreción de sus logros, la manera en que está poblada la naturaleza llamada objetiva, pero considerando que hablar de naturaleza es una operación de propaganda a menudo justificada por la

---

[23] Véase al respecto mi libro, Isabelle Stengers, *L'Invention des sciences modernes*, Flammarion, París, 1995.

tesis de que «la gente» es incapaz de comprender lo que exige y a lo que obliga un logro experimental.

La objetividad obtenida no soporta la ironía (esto no es más que una abstracción), pero si quienes la obtienen tuvieran confianza en «la gente», podrían tal vez ceder al humor (¡hay mundos afuera del laboratorio!) y aceptar la vigilancia: ya lo vimos con los OGM, un paso fuera del medio protegido y equipado del laboratorio, y lo que ese medio permitía omitir puede adquirir importancia. En otros términos, un experimentador puede comportarse de manera «civilizada», ser partícipe de una cultura inteligente de los hechos en su diversidad intrínseca. Puede no definirse «en contra de la opinión».

Lo que hoy llamamos La Ciencia, por su parte, ha hecho suya una definición de objetividad que amalgama la idea de un avance irresistible de nuestros conocimientos, semejante a una ola grande y monótona, y la necesidad de un arbitraje que le dé seguridad al orden público. La bifurcación tiene que pasar, aunque desmiembre hasta el absurdo lo que una situación hace tener en cuenta. De una manera u otra, la única pregunta que vale es: «¿Cómo podemos redefinir una situación de un modo que esta se pliegue a una definición objetiva?». Y hoy más que nunca los experimentadores tienen que someterse a la idea de que sus logros cuentan bastante poco para sus financistas, porque a ellos lo que importa es la innovación portadora de crecimiento. Pero hay que resistir, incluso desesperadamente, a la idea apocalíptica de vivir en una época de posthechos, así como también de postsentido común, una época que habría perdido las brújulas o que las hubiera roto. Hoy en día, pienso que Whitehead —quien, mientras vivía la derrota del sentido común, quiso soldarla con la imaginación— diría que no hay nada más importante que aprender a «hablar bien» de los hechos. La manera en que fueron enrolados para hacer callar y descalificar no basta, por cierto, para explicar aquello a lo que estamos asistiendo, pero no se trata de dar una «buena» respuesta, sino solo dejarse situar por una tarea: si tenemos que aprender es porque hemos dejado hacer y eso nos sitúa, es eso lo que compromete nuestra responsabilidad.

Hay tanto que hacer, porque ¡hay tantos hechos! Hay toda una cultura de hechos por activar, vivificar, por hacer que importen, pero también por impedirles dañar. El error de lo concreto mal situado puede ser devastador. Aprendí de Alice Rivières los estragos que podía suscitar un hecho establecido dentro de las reglas del arte: el caso de la identidad de la mutación genética responsable de la enfermedad de Huntington, una enfermedad neuroevolutiva ante la cual la medicina de hoy está impotente. Es un caso típico de hecho efectivamente «finito», pero cuyas consecuencias son muy concretas ya que vuelve posible un diagnóstico «presintomático» perfectamente fiable. Un médico, que hizo de simple vocero del laboratorio, espetó a Rivières el resultado («positivo») y juzgó que su deber era no darle esperanzas ante lo que le esperaba. Error de un concreto muy mal situado, pues no solamente el curso de la enfermedad es eminentemente imprevisible, sino que el modo del anuncio creó una bifurcación entre la previsión objetiva y la manera de dar una respuesta a esa prueba, como si la pregunta por la manera en que Alice podría volverse capaz de anticipar, preparar y vivir lo que le esperaba fuera insignificante, ilusoria, «puramente subjetiva». El verdadero-decir abstracto del test fue convertido en un veredicto inductor de postración: la desertificación de cualquier paisaje de posibles.[24]

Otros son los hechos, también provenientes de la ciencia experimental, pero producidos por el funcionamiento de dispositivos detectores, como los contadores Geiger, por ejemplo. El hecho detectado es notoriamente finito, pero en este caso no es árbitro de nada. En las zonas afectadas por las catástrofes de Chernóbil y de Fukushima, los contadores Geiger acompañan desde entonces, para lo mejor y lo peor, la vida cotidiana de los habitantes, como un órgano sensible que vuelve perceptible y localizable lo que sin ellos sería una amenaza difusa y omnipresente. La finitud del hecho de detección no separa La Ciencia de la opinión, sino que se agrega al entramado de ingredientes que entraron en una situación concreta que reclama atención.

No ocurre lo mismo, evidentemente, con este «hecho» llamado calentamiento climático, por el cual atestigua esta original institución

---

[24] Le tomó varios años a Alice poder escapar de esa sideración, experiencia que llevó a la creación del colectivo Dingdingdong, para dar la alerta y hacer oír otros saberes, relatos, experiencias, proposiciones que se presten para imaginar que es posible una vida digna de ser vivida con Huntington. Véase el sitio dingdingdong.org, así como Katrin Sohldju, *L'Épreuve du savoir. Propositions pour une écologie du diagnostic*, Éditions Ding ding dong, París, 2015.

llamada GIEC, fruto de una iniciativa política cuya misión es evaluar las informaciones que permiten a los gobiernos y a las poblaciones comprender mejor los riesgos vinculados al calentamiento climático de origen humano, etc., lo que significa también el intento de convencerlos de que esos riesgos ya están allí y que sus consecuencias exigen acciones. El GIEC hace política, no ciencia, afirman los negacionistas que insinúan que los científicos están creando argumentos de corte y medida para promover una posición política. Y tienen razón en un punto. Los climatólogos comprometidos en el GIEC saben que la vocación primera de sus modelos climatológicos es dirigirse a un público y a los políticos, y no hacer avanzar el saber «desinteresado». Los modelos y observaciones que efectivamente los autorizan a hablar del calentamiento como un hecho y a hacer recaer la responsabilidad en la emisión continuamente creciente de gases de efecto invernadero, no fueron vividos como un logro que haga bailar a los científicos en el laboratorio. Y saben además que, contrariamente a los científicos que dejan entrever grandiosas oportunidades de innovación que han vuelto posible sus investigaciones, ellos deben convencer a interlocutores reacios. Stephen Schneider,[25] que estuvo en primera línea hasta su muerte en 2010, reconoció que a menudo se veía atrapado entre su ética científica —incluir las dudas, las precauciones, los condicionales— y su lealtad a la Tierra, con la cual podía convencer a los más escépticos con un tipo de «hechos» que había justamente que evitar. Aquí hace falta cruelmente una cultura del hecho que sepa lo que se puede y lo que no se puede pedir a los modelos climáticos, y que no espere por ningún motivo que esos modelos nos digan cómo responder a la pregunta que nos imponen.

Y luego están todos los hechos a los cuales se refieren nuestras reglamentaciones, que prohíben o autorizan o que arbitran entre intereses divergentes, interviniendo en ámbitos prácticos concretos que hacen balbucear a nuestros modos de abstracción. Contrariamente a los hechos experimentales, no traducen la realización de un posible, desenlace que indica que hubo un logro. Pertenecen más bien al régimen de la necesidad de gobierno: para que un arbitraje sea posible,

[25] Steven Schneider, *Science as a Contact Sport: Inside the Battle to Save Earth's Climate*, National Geographic, Washington, 2009.

se necesitan hechos, pero no hechos que tengan el poder de ponernos de acuerdo, sino hechos acerca de los cuales nos poníamos de acuerdo. Podemos hablar aquí de hechos convencionales, pero no se trata de denigrar las convenciones ni de oponerles una verdad que les sería superior. Una convención no tiene otro valor que el acuerdo que instituye y el cuidado dedicado al mantenimiento de la calidad de ese acuerdo. Y, desde ese punto de vista, la bifurcación es un auténtico veneno. Desde el momento en que el tema del «hecho objetivo» entra en la amalgama del acuerdo convencional, le confiere a este acuerdo la autoridad de un juicio contra lo que no será «más que» un hecho subjetivo. Así, son «olvidados» tanto el cuidado que se debe a las convenciones como al carácter escaso y selectivo de los hechos que las ciencias experimentales definen como «objetivos». La posibilidad de una «definición objetiva» deja de ser un acontecimiento, se vuelve algo que debe ser enfrentado en contra de aquello que, de hecho, ha sido instituido el acuerdo: la opinión, peligrosamente influenciable, susceptible de entrar en pánico o de seguir a un charlatán.

El arte de las convenciones

Podría acusarse a Whitehead de haber pensado la modernidad a partir de algo asimilable a sus síntomas y de haber ayudado a levantar un cuadro clínico, pero sin identificar la enfermedad. Tal vez sea mejor así, pues los análisis de la enfermedad, por lo común llamada capitalismo, no han dejado de densificarse, y el suyo se habría vuelto caduco rápidamente.[26] Como Karl Marx, que entendió el capitalismo como lucha de clases, es decir, como posibilidad de que el mismo capitalismo hiciera emerger la fuerza capaz de vencerlo, una perspectiva que hoy puede caracterizarse por no permitir que nos detengamos sobre lo que se ha destruido —las maneras de vivir y habitar, humanas y no humanas que fueron implacablemente «modernizadas»—.

[26] Un nuevo tipo de historia está siendo escrita al respecto. Véase principalmente Raj Patel y Jason W. Moore, *Comment notre monde est devenu cheap. Une histoire inquiète de l'humanité*, Flammarion, París, 2018.

Con Whitehead, lo que se va agenciando en torno a la bifurcación de la naturaleza —la derrota del sentido común, el maltrato a los hechos, pero también, agregaría ahora, la noción de convención convertida en instrumento para el mantenimiento del orden público— exige que sea pensado desde la devastación. Y es quizá desde ese punto de vista que su pensamiento es nuestro contemporáneo. Cuando los activistas de hoy proclaman «No defendemos la naturaleza, somos la naturaleza que se defiende» no están desde luego criticando la bifurcación de la naturaleza, pero tampoco suscitan la jugada del mal: más bien dejan estupefactos a los que, para la ocasión, se dan cuenta de que la cuestión de la naturaleza ha cambiado.

Hacer, a través del grito de los activistas, de la naturaleza aquello a lo que pertenecemos, es desertar de lo que debía reunirnos: el culto al conocimiento objetivo, el reconocimiento por parte de todos de sus derechos, la sumisión a todos sus deberes. Pero es, además, reivindicar una proximidad con los pueblos para quienes lo que llamamos «la naturaleza» nunca fue pensado en términos de conocimiento objetivo, sino en los de atención, cuidado y prudencia, temor y gratitud, todo a la vez. Esta proximidad no se limita solamente a una alianza en la lucha, incluye un coaprendizaje de lo que permitió y sigue permitiendo a los pueblos autóctonos en lucha resistir a la modernización. En otros términos, esta proximidad ubica a quienes la experimentan de un modo que está en resonancia con la pregunta de este libro. ¿Están participando de un «devenir civilizado» de la modernidad o de un devenir civilizado del final de la modernidad?

Es evidente que ellos y ellas no tienen la respuesta, sea cual sea su posición al respecto, y que esta respuesta no tiene nada que ver con los temas favoritos de los académicos que disertan sobre nuestra supuesta época postmoderna o posthumana. En realidad, esta respuesta no pertenece a nadie más que a quienes, en el futuro, si acaso hay un futuro, relatarán a sus hijos lo que volvió posible ese futuro.

Una interrogación sin respuesta puede, no obstante, ser alimentada por esas historias que nos concernirán, aunque no sepamos cómo serán narradas: si como el anuncio del devenir civilizado de nuestra civilización o como el de su final. Una de esas historias podría hacer memoria de la manera con que dimos una importancia desmesurada a los hechos que podían pretender al extraño poder de poner de

acuerdo a todos los concernidos; esa historia podría también dramatizar la correlativa ausencia de una cultura de los hechos «convencionales», hechos a los que «tenemos que» dotar de autoridad para
detener las disputas. Sería tan extraña como esas historias del pasado,
cuando se tenían por verídicas las confesiones arrancadas por medio
de la tortura.

Eso de lo que se hará memoria no tiene nada que ver con una
cuestión epistemológica. Ni el «tenemos que entendernos» de las
convenciones modernas ni la definición objetiva que puede fundar
exclusivamente el entendimiento derivan de la bifurcación de la naturaleza; más bien, le dan otra versión: los dos tipos de hechos se
reparten el terreno en un modo que presupone nulas e inexistentes
las artes que buscan hacer advenir un acuerdo. Se trata de un tipo de
arte que ha sido cultivado en el mundo entero, practicado principalmente por los pueblos autóctonos del continente americano, así
como en África, donde los colonizadores portugueses lo bautizaron
como *palavra*. *Palavra* significa 'palabras' en portugués, lo que dice
muy bien qué era lo que les sorprendía: interminables intercambios
de palabras, muchas veces juzgados ociosos, a los que eran sometidos por los pueblos africanos para arribar al menor acuerdo. Si hay
una cercanía hoy entre movimientos activistas y pueblos autóctonos
pasa principalmente por la necesidad que resienten de trabajar para
el resurgimiento de esas artes.

No sé cómo habrán transcurrido esas reuniones en que estos pueblos se encontraban con los que iban a «civilizarlos», pero quien
haya tenido la suerte de participar en un medio africano actual, de
ese tipo de intercambios, lentos, aparentemente repetitivos, que evi-
tan objeciones y argumentos, sabrá por su experiencia que no tienen
nada de ocioso, es solo que obligan a aceptar condiciones poco usuales para los europeos «letrados». No se trata de un «debate demo-
crático» sometido a un principio abstracto de igualdad, pues los que
participan son enrolados en tanto «mayores». Sin embargo, que en-
dosen ese rol no significa que estén en una posición de decisión. Si
bien la palabra de una «mayor» no está sujeta a contradicción, está
obligada por su rol a extraer de su experiencia sintaxis, ritmos, maneras de decir que no anticipan esa contradicción, que no ponen por
delante el «yo, yo, yo» intencional que defiende «sus razones», sino

que hace existir la experiencia impersonal que la vuelve mayor. Cada palabra planteada debe ser producida de manera tal que exprese una dimensión no sujeta a contestación de la cuestión que los reúne, aun cuando eso en cuestión reúne porque hay materia de dudas, divergencias y riesgo de conflictos.

Podríamos hablar acerca de ese dispositivo como un arte de la convención. Hay pueblos que convocan a seres en presencia de los cuales se tiene que hablar, hay otros que no, pero el principal rasgo común, a mi parecer, es la eficacia de lo que —desde la mirada de lo que heredamos de los griegos como forma «natural» de la discusión— debe ser llamado un artificio. El dispositivo, en efecto, parece tener por vocación entrabar lo que se impone a nosotros como el principio mismo de una deliberación libre: que cada uno tenga derecho a expresarse, que las razones se enfrenten, que la victoria consagre a una de las contrincantes.[27]

Hablar de artificio es evitar poner en el centro la cuestión de las «creencias» que hemos dejado de compartir, y por eso hablo de un arte, es decir, de prácticas que existen ante todo por su eficacia. La noción de «mayores» pertenece a este arte, pues participa de un modo de reunión en que la manera de entender a los otros no será la del contraargumento en preparación, ni la interpretación que remonta desde lo dicho hasta la intención. Cada palabra participa en un proceso, y es ese proceso el que generará la decisión, sin que nadie pueda apropiársela, y sin que tampoco nadie pueda garantizar que sea la mejor posible. La decisión recibió a «sus» razones.

Cabe esperarse que algún moderno objete: «Lo primero que evidencian todas esas historias de eficacia y de generación es vuestra credulidad: nada garantiza que el acuerdo sea irreductible al juego más o menos clandestino de influencias, de efectos retóricos, de conformismo grupal. De hecho, ellos, los que están reunidos, saben que

---

[27] De allí la perplejidad de quien descubra la manera en que Tomás de Aquino, por ejemplo, creó un acuerdo entre los autores que cita, acerca de un punto en disputa, desvirtuando sin tapujos sus propósitos. Es porque esos Autores «tienen autoridad», y por ende ninguno puede contradecir a los demás. Hay que darles la razón a todos. La imprenta, al destronar a las autoridades, rebajó a los Autores al rango de autores con opiniones, lo que destruirá este arte y restaurará la polémica como la regla «natural» de las disputas.

todos deben arribar a un acuerdo. Y aun si no tuvieran conciencia, cada uno está de antemano preparado para dejarse influenciar por los otros». Allí se expresa una vez más el rostro de la bifurcación de la naturaleza: para un moderno, el peligro primordial parece ser caer en la trampa, dejarse engañar por las apariencias.

Hoy en día los activistas han aprendido a practicar un arte similar, la llamada práctica de la decisión por consenso, porque saben que la decisión pondría a prueba a cada uno de los que la fueran a tomar. Pues, como es típico en una acción no violenta, tendrían que ser confrontados a provocaciones y a violencias tales que se les haría difícil sostener el compromiso de no responder del mismo modo. Saben que todo juego de influencia, todo conformismo, toda sumisión a una retórica sensual, se pagaría después en la acción y en sus consecuencias, cuando todo estuviera organizado para dividirlos. Por eso inventaron roles y condiciones, cuya eficacia está aquí explícitamente formulada. La situación acerca de la cual una decisión ha de tomarse no debe ser reducida a hechos aislados, que sirvan de argumento para una tesis o para las objeciones que esa tesis pueda suscitar. Debe ser desplegada de manera tan concreta como sea posible, lo que exige que los argumentos divergentes sean oídos en tanto voces que expresan dimensiones de esa situación, voces que la situación misma pide que sean oídas.[28] Allí también la toma de decisión implica la eficacia de un rol por sostener. No se oye de la misma manera, y no se objeta de la misma manera si se rechaza el derecho a doblegar la situación a un argumento. Es, entonces, la eficacia del dispositivo lo que permite a esa situación recibir el poder de vacilar juntos, suscitar una inflexión en las razones, generar formulaciones que pierdan el poder de contradecir, hasta que la decisión por tomar sea obtenida, es decir, hasta que la situación haya ganado el poder de hacer sentido en común. La decisión es lo obtenido,[29] y no el resultado del artificio. Este traduce a su manera la necesidad de vigilancia sobre los modos de abstracción: frustra la definición de una situación en términos que hacen que la única pregunta que importe sea la de saber quién tiene

---

[28] Véase Starhawk, *Rêver l'obscur*, Éditions Isabelle Cambourakis, París, 2015.

[29] N. del T.: Lo «obtenido» por el procedimiento y no «dado» (*donnée*, palabra que también significa «dato») o por la naturaleza. «Los datos no son dados, son obtenidos» es una idea que se encuentra en la sociología de las ciencias de Bruno Latour.

la razón, para que pueda ser generada una decisión que no sea la victoria de nadie.

La cultura de lo que llamaré los «dispositivos generativos» está en el corazón de las prácticas de democracia directa que los activistas están aprendiendo a volverse capaces de realizar, y han descubierto que algunos pueblos autóctonos han sabido preservarlas a pesar de las devastaciones de la colonización. Hoy en día esas maneras de hacer sentido en común hacen que posibles acciones comunes se vuelvan en contra de las devastaciones que continúan en nombre del crecimiento económico. Y si hay un futuro, esos dispositivos serán tan evidentes y múltiples como las situaciones a las que un colectivo puede verse enfrentado. ¿Contribuirán a civilizar la modernidad o la manera con que la modernidad los reputó de imposibles e ilusos quedará dentro de una definición en pasado?

En cualquier caso, captamos mejor el sentido de la bifurcación moderna entre el hecho neutro, imparcial, y los valores, sinónimo de parcialidad. Si los modernos piden a la autoridad de los hechos la definición de lo que es, para decidir luego por medio de la libre discusión la conducta a adoptar —lo que debe ser—, es porque han hecho abstracción del arte exigente del acuerdo. Lo vimos, los mismos hechos experimentales no tienen autoridad sino porque han obtenido el acuerdo de los que están reunidos gracias a la posibilidad del logro experimental, un acuerdo exigente, pero de alcance intrínsecamente precario, pues solo vale para un hecho definido en los términos de ese logro. Pero otro tipo de situaciones, como acabamos de ver, piden un arte igual de exigente, aunque muy diferente. A lo que apunta este tipo de arte no es ahora a la definición de un «hecho que pone de acuerdo», sino a la generación de lo que Whitehead llamaría un «hecho individual concreto»: un hecho que no es el testimonio de razones más generales que sí mismo, y que entonces no puede ser abstraído del proceso del cual surge. El acuerdo generado ganó su individualidad en cuanto se volvió inseparable de un proceso de composición que hizo emerger nuevas posibilidades de decir y sentir, transformando las razones antagonistas en contrastes importantes y separando las palabras de su vocación de escolta de las intenciones y significaciones que ambicionan imponerse a todos, para hacer de ellas las expresiones de una situación en la que hacen importar ciertos aspectos sin que pretendan poder definirla. Un «sentido común» ha venido a la existencia, podríamos decir un «consenso», pero no un acuerdo unánime, ni una voz única o totalizante. La situación «hace sentido en común», «hace sentir juntos», cada uno a su manera, pero con los otros y gracias a los otros.

No se trata aquí de poner en oposición dos logros, el logro que constituye un hecho experimental y aquel al que apuntan los dispositivos que llamé «generativos», sino más bien de contrastar, de derivarlos a una divergencia entre dos «aventuras», cuyo rasgo común es que sus logros rechazan ser desmembrados en términos de responsabilidades mutuamente excluyentes. Cuando el experimentador se atreve a decir «la naturaleza ha hablado», la responsabilidad no es atribuible ni a la naturaleza ni al espíritu humano. Lo que se celebra es un acontecimiento escaso: lo que el humano estaba interrogando aceptó endosarse el rol que le propone el dispositivo experimental concebido por el humano. Es un acontecimiento equivalente a la generación de un acuerdo capaz de hacer sentido común a propósito de una situación problemática, sin que la razón del acuerdo pueda ser atribuida ya sea a la situación, ya sea a la manera en que esos humanos la han interpretado.

Esos eventos no tienen nada de excepcional, como atestigua el dispositivo instalado por las «convenciones ciudadanas»[30] que se reúnen alrededor de preguntas sobre las innovaciones tecnoindustriales. Tal dispositivo le da sentido a lo que podría ser una cultura de «hechos convencionales», hoy a la vez omnipresentes y maltratados, relegados a los opacos conciliábulos de expertos que representan intereses divergentes. Vuelve posible que gente «común y corriente», *a priori* «ignorante», se transforme en un grupo capaz de escuchar a los expertos discutir sin buscar desesperadamente «la buena respuesta» o «la posición legítima», de manera que consigan formular preguntas, proposiciones y objeciones cuya pertinencia y lucidez puedan hacer tartamudear a los expertos.

---

[30] La expresión «convención ciudadana» ha sido promovida por Jacques Testart y la asociación Sciences Citoyennes en Francia. Estas convenciones responden a un protocolo preciso cuyo respeto es crucial para que el dispositivo no caiga en la nebulosa de la «democracia participativa», ni se convierta, como ocurre tan seguido en nuestros días, en un instrumento para asegurar del público la «aceptabilidad» de una innovación.

Este dispositivo acude a un artificio muy antiguo: el sorteo. Su eficacia particular está en producir una selección que opera independientemente de cualquier «mérito» que la justifique. Y, de este modo, genera la posibilidad de una relación que podríamos llamar «desinteresada» con la situación problemática, una relación que no privilegiará tal o cual reto que correspondería con una competencia particular de la persona seleccionada que justifique su selección. La que participará sabe que es «electa» en tanto «cualquiera». Ella sabe que lo que constituye su mérito personal, quién es, no está en juego. Su legitimidad no tendrá que ser demostrada, no es una referencia. El único reto efectivo es la calidad de su participación en la creación del espacio colectivo de pensamiento que exige la situación explorada junto a los otros.

Ahora bien, participar del sorteo implica aceptar previamente la perspectiva de un rol con exigencias: durante varios fines de semanas los «electos» estudiarán el expediente, interrogarán a expertos y plantearán preguntas que podrán hacer venir a otros expertos. El punto crucial es que la relación que crearán con los saberes de esos expertos rompa con la actividad pedagógica «natural» que hace transitar de la ignorancia a un saber ya balizado. Lo que los vuelve colectivamente inteligentes es la pregunta no balizada que los reúne y que ningún saber es suficiente para definirla. Mientras los expertos tienden a comprender una situación en los términos que certifican sus saberes respectivos, el grupo opera su problematización, sumerge lo conocido en lo posible y activa las incógnitas que sitúan lo conocido en el modo del «sí, pero». El grupo densifica e intensifica. No revoca, pero desconcierta al poder de definición de los modos de abstracción expertos, suscitan la llegada de valores que hasta entonces solo eran balbuceantes y, eventualmente, hacen que la capacidad de aceptar «*stay with the trouble*», en palabras de Donna Haraway, se vuelva la afirmación de una evidencia positiva:[31] *sheer disclosure*.

---

[31] Una de las constantes más notables de las «convenciones ciudadanas» –por ejemplo, sobre el enterramiento de desechos nucleares– es que quienes fueron puestos en la situación de pensar colectivamente una proposición «de riesgo» resisten a los expertos tranquilizadores que buscan circunscribir esos riesgos definiéndolos como «gestionables». Además, reclaman que esos riesgos sean tomados en serio e insisten en la obligación de tener que imaginar los medios de permanecer activamente vigilantes.

Por otra parte, tan notable como la generación de un grupo en el que sean soldados el sentido común y la imaginación es la experiencia intensa de quienes participaron en este, al descubrirse capaces de tomar parte activamente en la exploración colectiva de un problema que supuestamente los superaba. La alegría, el sentimiento sorprendido de la estima propia y la de los otros, y el deseo de revivir una experiencia así, son como el simétrico invertido de la humillación odiosa que asocié al apoyo irrestricto del que goza Donald Trump por parte de sus adeptos. Pero esta alegría es frágil, y puede dar lugar al cinismo desencantado cuando se siente traicionada, cuando, como ocurre en la actualidad, las opiniones vertidas quedan sin consecuencias, cuando los términos del problema planteado a los ciudadanos son decididos de hecho en esferas más altas.

Como sea, podemos concluir de la eficacia de los dispositivos generativos que la «inteligencia» —en el sentido de capacidad de pensar, de imaginar, de comprender lo que importa, pero también lo que podría ser importante— no es un atributo, sino lo obtenido. En tanto tal, esta inteligencia puede ser destruida por dispositivos que, de una manera o de otra, suponen la ignorancia, fabrican el miedo a equivocarse y la falta de confianza, o crean situaciones que exigen de cada uno que haga prevalecer su propio interés y desconfíe de los demás. Pero también puede ser regenerada —al menos, la fuerza recalcitrante de lo que he llamado «rumia» arraiga allí donde no ha prevalecido el rechazo a pensar e imaginar cuyo goce radica en el odio al mundo—.

Whitehead podría haber dicho acerca del logro de este dispositivo que forma parte de lo que llamaba la «solemnidad del mundo».

«Todas las formas de realización expresan algún aspecto de la finitud. Tal forma expresa su naturaleza como siendo esto y no aquello. Dicho de otra manera, expresa una exclusión, y exclusión significa finitud. Toda la solemnidad del mundo nace del sentido de una consumación positiva al interior de lo finito, una consumación combinada con el sentido de los modos de infinitudes que se extienden más allá de cada hecho finito».[32]

---

[32] MP, p. 28 (esp., p. 95).

Lo obtenido por un dispositivo generativo no tiene garantía, es una realización que no se permite razón general alguna, es un hecho individual concreto determinado así y no de otra manera. El privilegio de los dispositivos generativos no se sostiene solo por la calidad de lo que permiten obtener, sino por el sentido agudo de la consumación positiva que constituye esta obtención, la manera con que supo no «desfigurar la experiencia del valor que es la esencia misma del universo».

Capítulo 3
Crear una coherencia

Necesitamos comprender

Para Whitehead, cuando el sentido común rumia los aspectos de la existencia no espera que le digan cómo pensar, ni menos que se haga el filtro entre las preguntas que tiene derecho de plantearse y aquellas a las que tiene que renunciar porque las respuestas exceden los límites dados a lo que podemos saber. La rumia tendría más el carácter de un «sí, pero» o de una insistencia sorda. Sí, sabemos que nuestros modos de comprensión están marcados por la finitud, pero aunque no tengamos derecho rechazamos aceptar que sea vaciado el sentido de lo que sin embargo sabemos.

Ese saber que insiste sordamente concierne, entonces, a «aspectos de la existencia», en el sentido en que la existencia no es un objeto de conocimiento, sino algo de lo que gozamos, y de lo que tenemos una aprensión concreta en tanto goce. Tales aspectos no son intrínsecamente definidos por una conciencia reflexiva o discursiva. Al contrario, solo se hacen conscientes en la dificultad, cuando queremos hacerlos valer, al ponerlos en palabras, o más precisamente en el hecho de que esas palabras requeridas, desde el momento en que son definidas, parecen excluirse entre sí. Es lo que caracteriza la serie de «Necesitamos comprender» que figura en *Modos de pensamiento*.

> «Necesitamos comprender cómo la unidad del universo exige su multiplicidad.
> Necesitamos comprender cómo lo infinito exige lo finito.

Necesitamos comprender cómo cada existencia inmediatamente presente exige su pasado, que le es anterior, y exige su futuro, factor esencial de su propia existencia.

Necesitamos también comprender cómo un simple estado, de hecho, rechaza ser despojado de su pertinencia en relación con potencialidades que están más allá de su propia actualidad de realización».[1]

Cada término de la serie será retomado después en la sección «Osar la especulación», no separadamente, sino en tanto aspectos de la metafísica de Whitehead. Pues comprender, para él, no significa volverse capaz de explicarle a alguien ni tampoco argumentar ni demostrar, sino que está cerca del goce estético que surge cuando el efecto que produce el todo precede a la discriminación de los detalles. Estos se impondrán después como razones del efecto: «En estética —escribe Whitehead— hay un todo que devela las partes que lo componen».[2] Pero el sistema metafísico no es una obra estética, ya que esta, subraya Whitehead, es un hecho cerrado, la obra «hace todo». El sistema de Whitehead busca despertar el sentido de la «solemnidad del mundo», desplegar los aspectos de la existencia no como partes discriminables aisladamente, sino como participantes de esta solemnidad. Busca darle al hecho individual concreto el poder de hacerse sentir como una consumación a la vez para sí mismo y para este mundo.

Quien dice consumación dice valor. Recordemos que para el demonio de Laplace todo se vale, y nada entonces tiene valor, son los humanos los que confieren valores a una naturaleza indiferente. Voy a comenzar por esta cuestión de los valores, ya que todo empieza ahí, con la afirmación de valores intrínsecos a lo que estudian los científicos: el orden de la naturaleza.

Desde *La ciencia y el mundo moderno*, Whitehead concluye que la primera víctima de la bifurcación de la naturaleza entre el mundo físico, y sus leyes universales, y lo que presupone toda actividad humana no es otra que la biología, llamada a explicar cómo de una realidad indiferente pudieron emerger vivientes cuya existencia no está «dada» —como sí lo está la de los electrones, protones y otras

---

[1] MP, pp. 104-105 (esp., p. 99).
[2] *Ibidem*, p. 82 (esp., p. 76).

entidades físicas—, sino que es «continuada», en el sentido de una consumación positiva. Una bióloga, por ejemplo, no pondrá en duda la realidad de los seres vivos, porque ella misma está situada por esa consumación. Buscará comprender cómo eso se sostiene y, mientras más analiza, más se sorprende. Las preguntas que aprende a plantear no verifican una hipótesis derivada de una teoría, sino que derivan de aquello que observa y que la intriga —¿cómo lo hace para?—. Una pregunta así se dirige siempre a *ese* ser particular, ese ser que, afectando a su medioambiente y afectado por este, logra mantenerse en la existencia de un modo que jamás es general.

Si la bióloga tiene algo que aprender es porque las vías de la deducción son intransitables. Cada relación entre principio y fin debe ser diagnosticada para sí misma, en el sentido de que podría haber sido otra. La manera con que los biólogos sienten el halo de lo que «podría haber sido otra cosa» envuelve lo que «es»; para muchos de ellos, en eso constituye la experiencia de la «solemnidad del mundo».

Whitehead bautizó «organismo» a toda entidad cuya existencia requiere un mantenimiento en la existencia, cuya realidad es una reutilización continua, duradera, dependiente de la «paciencia» de su medio con lo que esa realización le exige. Esa realización, al tener siempre una forma determinada, es en sí misma la realización de un valor, el del logro de mantenerse «así», de conservarse a sí mismo.

«La salvación de la realidad está en esas entidades obstinadas, irreductibles, factuales, limitadas a no ser otra cosa que lo que son. Ni la ciencia, ni el arte, ni la acción creativa pueden desprenderse de esos hechos irreductibles, obstinados, limitados. La perduración tiene como significación la autoconservación de lo que se impone a sí misma en tanto realización definida para sí misma. Lo que perdura es limitado, obstruccionista, intolerante, infecta a su medio con sus propios aspectos, pero no es autosuficiente. Los aspectos de todas las cosas entran en su constitución misma. No es él mismo si no reúne en su propia limitación la totalidad más vasta en la que se encuentra».[3]

³ CMM, p. 94 (esp., pp. 118-119).

La salvación de la realidad, lo que la salva de su devenir ilusorio, de su reducción a una pregunta teórica —¿hay cualidades primarias, independientes del espíritu humano?—, está en los hechos obstinados, capaces de causar obstrucciones, de interrumpir despiadadamente la marcha de un razonamiento. La niña de Tracia se reía de Tales, que, con el espíritu en las estrellas, olvidó que su pesado cuerpo requería del sostén de la Tierra. Whitehead toma partido por esa realidad que invoca en última instancia al sentido común, cuando tiene que enfrentarse a los teóricos que se proponen demostrarle que sus razones de creer en el mundo no se sostienen —la realidad es aquello contra lo que nos chocamos, y los golpes duelen, querámoslo o no—.

Para pensar esta realidad definida por y para sí misma, Whitehead acude al organismo de los biólogos, y no a la piedra pesada e inerte en la que sin duda pensaría un físico. Pues la piedra, cuya caída puede golpear, inspira la idea de autosuficiencia, de un mantenerse en sí misma y, al caer, de obediencia a una ley. Así comunica directamente con la realidad de los físicos, un mundo desprovisto de valor. Y también con la imagen de un sentido común sublevado que, al constatar que todas las palabras que usan se estrellan con una inadmisibilidad impasible, interrumpe el diálogo brutalmente, dando testimonio de su irracionalidad. El organismo, en cambio, no interrumpe, sino que afecta a su medio, tiene el poder de hacer pensar e imaginar a los biólogos que se dirigen a él queriendo descifrar cómo logra mantenerse. Y es afectado por su medio, no padece indiferentemente las manipulaciones de los biólogos, sino que les responde a su manera, según sus propios criterios de valorización.

En *La ciencia y el mundo moderno*, Whitehead propuso ubicar el concepto de organismo en el corazón de la cuestión ontológica, la cuestión de las entidades que pueblan este mundo. Es una proposición que cambia mucho las cosas. La ontología fisicalista comunicaba con la idea de un mundo «conocible en tanto independiente de nosotros» y sometía a la pluralidad de las ciencias bajo el imperativo de reconocer que aquello con que tienen que lidiar deriva de lo que la física define como la verdadera textura del mundo. Por el contrario, lo que Whitehead llamará filosofía del organismo implica la pluralidad positiva de las ciencias que estudian la textura intrincada propia de las diferentes entidades que hacen el mundo. Conocer es siempre conocer algo que perdura, y en tanto es capaz de perdurar. Pero conocer a un ser es ser situado por él, por la manera como valoriza un medio del cual quien busca conocer también forma parte: es aprender cuáles son las preguntas que esta valorización vuelve pertinentes.

Aquí, de nuevo, Whitehead reanuda con el sentido común. Nunca deja de tener consideración por los éxitos de las historias de animales, por el interés que suscita la pregunta de saber a qué es sensible un animal —más precisamente, *ese* animal—, cómo valoriza su medio, eso que él hace importar. Y si el sentido común es «realista», lo es en la medida que sabe que existen formas de aprender en un mundo intrínsecamente intricado. Aprender: familiarizarse con, seguir el rastro, sondear, ensayar, inducir por analogía, descubrir y tal vez comprender, pero nunca en general, siempre relativamente a una pregunta, a una preocupación o a una situación.

Para las ciencias, en cambio, un pluralismo así tiene consecuencias un poco perturbadoras, pues ellas mismas valorizan activamente su «entorno», reportándose a él de un modo que responde a sus propias exigencias de objetividad. Aprender, para ellas, significaría entonces aceptar la necesidad de evitar que su propio mundo de valoración domine la situación. Es, en efecto, lo que Vinciane Despret pide a la etología animal, cuando subraya que los investigadores deberían aprender a plantear «buenas preguntas» a los animales,[4] a pasar por situaciones en las que los animales se encuentren «en sus propios asuntos»; son los asuntos los que deben situar a la investigadora, ponerla en relación con el animal y permitir eventualmente una congruencia entre sus intereses divergentes. Y, en sociología, eso significaría que, si los investigadores quieren obtener respuestas dignas de ese nombre, deberían plantear solamente preguntas que vayan al encuentro de las preocupaciones activas de aquellos que interrogan.[5]

[4] Vinciane Despret, *Que diraient les animaux, si... on leur posait les bonnes questions?*, Les Empêcheurs de penser en rond/La Découverte, París, 2012.

[5] Es un recuerdo de una época en que aprendí a entender la importancia de los movimientos de «usuarios» no arrepentidos ni avergonzados de drogas ilícitas, pero sobre todo de mi enojo al oír a un sociólogo subrayar el carácter «construido» de lo que él podía obtener de los actores de esos movimientos, mucho menos rico en matices, contradicciones, ambigüedades, decía, que el testimonio de los que eran «simples

El que Whitehead hable a menudo de su filosofía como «filosofía del organismo» implica que el alcance de esa noción no se limita a la cuestión de lo que llama el «orden de la naturaleza», la manera en que la multiplicidad de maneras de perdurar compone el mundo. Comunica con la pregunta por lo que cuenta, y cómo, *para* aquello con lo que tenemos que lidiar. Hace del valor «el sentido mismo de la existencia para sí misma, de la existencia que es su propia justificación, de la existencia con su propio carácter».[6] En *Modos de pensamiento*, los ideólogos de la bifurcación de la naturaleza ya no gritarán contra la absurdidad, como en *El concepto de naturaleza*. El grito desde entonces habrá obtenido la plena potencia de una afirmación que ya he citado: «No tenemos derecho a desfigurar la experiencia del valor que es la esencia misma del universo».[7]

Osar la especulación

Hemos visto que para Whitehead los humanos se caracterizan por la importancia bastante extravagante que le confieren a lo posible. No hay lugar para ironías, ni para tratar de traerlos al suelo firme de la factualidad, pues atenerse a la factualidad atestigua, de aquello que hace que el suelo importe, la posibilidad de que los hechos tengan el poder de confirmar ciertas interpretaciones y descalificar otras. Y no hay lugar tampoco para elevar ciertos posibles al rango de un último horizonte que le daría su verdad a la búsqueda del Hombre. El estudio del «orden de la naturaleza», si bien presupone e intensifica el destino de lo posible, está lejos de agotar «lo que sabemos» o lo que «necesitamos comprender». Por el contrario, se trata de una investigación especializada, en el sentido en que esos modos de abstracción traducen un clivaje determinado entre aquel que apasionadamente intenta formular preguntas pertinentes y aquello que es llamado a ser testimonio de la manera en que valoriza su entorno. Es incluso esta la pasión que, al final de *La ciencia y el mundo moderno*, Whitehead

---

consumidores». Le tuve que preguntar qué se creía de sonsacar tales confidencias, «eso ya no es sociología, es voyerismo».

[6] MP, p. 129, (esp., p. 128).

[7] *Ibidem*, pp. 130-131 (esp., p. 129).

invocaba para anunciar el cambio de punto de vista que desembocaría en la escritura de *Proceso y realidad.*

«En este capítulo, así como en el siguiente, olvidaremos los problemas particulares de la ciencia moderna, y adoptaremos un punto de vista que concibe la naturaleza de las cosas sobre un modo desprovisto de pasión, anterior a cualquier investigación particular volcada sobre sus detalles. Este punto de vista es llamado "metafísico"».[8]

Desprovisto de pasión significa lo contrario de indiferente, neutro o desprendido. Es un compromiso que adopta el filósofo hacia un sentido común que hace rumiar aspectos de la existencia que el pensamiento moderno ha apasionado y abiertamente caracterizado de manera irreconciliable.

¿Cómo reconciliar a Newton, cuya obra demandaba una confianza intensa en la posibilidad de descifrar el orden de la naturaleza, con el orden tal como lo descifró: dominado por un modo de causalidad universal indiferente y sin darle ningún sentido a lo posible? ¿O debemos atender a Hume, para quien ese orden no es más que una construcción, proyectada sobre una realidad muda, debiendo para ello hacer callar los testimonios de su propio cuerpo acerca de la manera en que esta realidad lo afecta? ¿O a Kant, que remite nuestras alegrías, penas, remordimientos y terrores al tejido de las causas, y que no reconoce otro valor que el de un imperativo moral universal dirigido a un sujeto cuya libertad se define en contra de esas causas?

El compromiso de Whitehead con la metafísica apunta a hacer prevalecer una coherencia por crear en contra del poder predador que la modernidad ha conferido a ciertos modos de abstracción. Para conseguirlo, un pensamiento crítico o reflexivo, siempre listo para denunciar las generalizaciones indebidas, no es lo que más conviene; a este pensamiento centrado en la finitud lo acompaña frecuentemente, replicándolo como su sombra, el ideal melancólico de aquello a lo que renuncia: una verdad sin amarras, fuera del suelo, fuera del medio, una verdad por la que debemos mantener un luto, y que nos recuerda sin cesar que la tenemos prohibida. Tal vez sea ese deber del

---

[8] CMM, p. 185 (esp., pp. 191-192).

luto interminable aquello que nos tiene prohibida la aventura a la que nos invita Whitehead con lo que llamaba la doctrina de la evolución en su sentido radical: sin fe, ni ley. Y tal vez sea ese luto el que transformó el pragmatismo de William James en un contraste caricaturesco, reduciéndolo al miserable pensamiento de un *businessman* que explica que lo que hacemos que cuente, cuenta porque «rinde». En ambos casos, el deber de luto reafirma debajo de la mesa al Hombre en tanto excepción, aquel que saboreó el fruto prohibido y que jamás volverá a encontrar su inocencia animal. Crear una coherencia, para el Whitehead matemático, consistirá en «problematizar», poner positivamente en problemas al poder reclamado por nuestros modos de abstracción predadores, y no limitarlo, amordazarlo o domesticarlo.

Puede ser pertinente acercar la cuestión de la «civilización» de nuestros modos de abstracción con lo que Leibniz, también matemático, llamaba su gran consejo moral:[9] *¿dic cur hic? respice finem* —di por qué (vas a hacer) esto—. Considera el fin. Se trata de un artificio, precisa Leibniz, pues el reto de la pregunta no es la respuesta que le será dada, sino una transformación que podría decirse afectiva o existencial: un ensanchamiento de la imaginación. En efecto, en los términos del sistema leibniziano, no se puede responder en verdad a una pregunta semejante, nadie puede decir por qué, excepto Dios desde luego, aunque Él no responda a ninguna pregunta. Nadie tiene acceso a la verdad de Sus razones, nadie tiene acceso al porqué, ni puede definir el fin. Adán, al momento de morder la manzana, no habría podido decir por qué, con qué fin lo hacía, porque según el sistema leibniziano, es el mundo elegido por Dios el que conspira en su acto. Y el fin de ese acto solo pertenece a Dios, ya que es el cálculo divino de lo mejor lo que ha determinado la elección del mundo en el que Adán morderá la manzana. La pregunta *¿dic cur hic?* busca la eficacia de problematizar las razones generales haciendo importar el «aquí» —suspende tu acción, déjate tocar por el «esto», es decir, por *este* mundo—. En términos evolucionistas, se dirá: «Por supuesto, te distingues de los demás animales terrestres, tal como hemos podido conocerlos, por la

---

[9] Véase Gottfried Wilhelm Leibniz, *Confessio philosophi* así como *Nouveaux essais sur l'entendement humain*, principalmente el libro II, cap. XXI, § 47.

importancia que le das a tus propias razones, pero es esa importancia dada a tus razones lo que te distingue, no el acceso efectivo a razones generales que tendrían el poder de justificarlas». La problematización no remonta hacia lo más general, le confiere a la situación, siempre a tal o cual situación, el poder de poner en cuestión lo que parece darse por sentado. La problematización, podríamos decir, piensa por el medio en lugar de demandarle a un medio rarificado que rarifique un modo de abstracción.

Habría sin duda que ser matemático, como Leibniz o Whitehead, para, en vez de hacer de la problematización un ejercicio reflexivo o crítico, situarla en un nivel afectivo y existencial que afecte nuestra relación con nuestras propias razones. El primero se volvió, después del paso de Kant, el mejor ejemplo del pensamiento especulativo a cuya tentación la filosofía debió resistirse. El segundo presenta su mayor obra, *Proceso y realidad*, como un «ensayo de filosofía especulativa», como si el respeto a la prohibición de Kant no fuera asunto suyo. Quizá el rasgo común de ambos es que proponen un «sistema», como si tuvieran acceso a la verdad misma del mundo, a lo que realiza su coherencia más allá de las apariencias, pero un sistema en tanto máquina de «hacer pensar», y no el triunfo del pensamiento deductivo que exige sumisión a principios verdaderos. La única verdad para Whitehead es lo que él llama la «solemnidad del mundo», y esa solemnidad no es un asunto de principios.

En cualquier caso, quien lea *Proceso y realidad* sabrá que la verdad del sistema whiteheadiano no está en ningún otro lugar que en sus efectos, en la experiencia de ampliación de la imaginación que suscita. Esta verdad no tiene nada que ver, en particular, con la de sus premisas: «Hay que comprender claramente (...) que no basamos nuestros razonamientos en premisas bien definidas. La filosofía es la búsqueda de premisas. No es deducción».[10] Cuando, en su introducción al libro, Whitehead presenta su esquema conceptual como premisa para un sistema que debiera hacer de toda experiencia una aplicación, hay que entender esas aplicaciones como aquello que, lejos de seguirlas, tiene que «verificar» las premisas en el sentido de James, es decir, en este caso: jamás estas premisas deberán justificar

[10] MP, p. 125 (esp., p. 123).

la sumisión de una experiencia a razones más generales, ni eliminar lo que la hace importar, lo que hace de ella *esta* experiencia. El esquema tiene la apariencia de una respuesta venida de ninguna parte, pero son sus «aplicaciones» las que despliegan su eficacia en el pensamiento, y eso de manera «desarmante», sin polémica, ya que cada concepto pierde su poder de contradecir.

La metafísica que propone Whitehead, para hacer del valor la esencia del universo, tiene que problematizar cada modo de valorización particular, provenga de un organismo o de un saber especializado. No puede convertir en un valor supremo el logro que constituye la perduración, el hecho de mantenerse, pues sería validar la obstinación del profesional que rechaza dejarse turbar por lo que se escapa a su especialidad y que hace callar a las rumias que no lo llevan a ninguna parte. No puede ser una «ontología generalizada», ya que la ontología está volcada sobre las diferentes maneras de endurar propias de los seres que pueblan nuestras realidades. Su tarea es asegurar que no haya nada dado por sentado, particularmente no el poder que la lógica le da a la contradicción y que reclama la estabilidad de las definiciones que plantea.

Lo que Whitehead llamará «*res verae*», las cosas verdaderas, son pues una creación metafísica. Las *res verae*, u ocasiones actuales, de la metafísica whiteheadiana no tienen la pretensión de darnos acceso a una verdad que trascienda las culturas y los saberes especializados. Son verdaderas en el sentido de que despliegan la cuestión de la existencia de un modo que sitúa al conocimiento: ninguna manera de conocer será susceptible de definir aquello a lo que se dirige cuando se refiere a ellas, porque no son un objeto de conocimiento. Ellas constituyen, podría decirse, los eslabones elementales de todo lo que se hace, de lo que se teje, y cada punto del tejido pone en juego el sentir muy particular del devenir problemático de una continuidad. Aquí no hay ruptura, sino el perpetuo retorno de la pregunta «¿cómo?» ¿Cómo prolongar, nodo a nodo? ¿Cómo heredar? ¿Cómo hacer suyo lo que es dado? ¿Cómo hacer que cuente lo que nos atañe? «¿Cómo?», «¿De qué manera?»: es lo que Didier Debaise llama un «manierismo universal»[11] que deshace la oposición entre el sujeto y el objeto.

[11] Didier Debaise, *L'Appât des possibles*, Les presses du réel, Dijon, 2015.

De hecho, como ha de notarse, todas estas preguntas implican usualmente un sujeto: aquí, un sujeto que no será el de conocimiento, sino uno que está arriesgando su existencia. Es la manera de responder, de esa manera y no de otra, aquello que decidirá lo que es. Y desde que hay modernidad, la decisión se define contra la causalidad, en el modo de un enfrentamiento brutal. O bien somos de la naturaleza sometida, según se dice, a la causalidad o somos libres de decidir y, entonces, como lo destacó Kant, susceptibles también de ser juzgados y de hacernos responsables de nuestros actos: somos seres «morales». «La naturaleza», «mi responsabilidad», hay con que hacer rumiar el sentido común, acorralado por esta doble abstracción que invade todo y lo bifurca todo con sus desafíos múltiples y variados, de los cuales algunos importan. Problematizar no es negar esos desafíos, pero tampoco es, en caso alguno, convertirlos en lugares de enfrentamiento entre categorías gruesas y contradictorias.

Ahora bien, la noción de causa no se convierte en una categoría de contraste, abocada a contradecir frontalmente lo que asociamos a la subjetividad, mientras no le dé un sentido bien determinado a la noción de efecto, es decir, a la posibilidad de definir «cómo causa una causa». Y es precisamente lo que nunca ocurre con las *res verae*, de allí su otro nombre: «ocasiones actuales». Si hay decisión subjetiva es porque la manera con que cada causa va a causar debe ser decidida o determinarse, *en esta ocasión y para esta ocasión*. La decisión no contradice la causalidad, es decisión acerca de lo que será causa para ella. En ese sentido, concluye Whitehead, «la ocasión actual es *causa sui*»,[12] es la apropiación de lo que se ha vuelto «sus» causas, causas que se vuelven «concretas» en el sentido de que su manera de causar, su «rol» en la decisión, ya no es asunto de definición separable ni previa. Las «causas» ya no explican, sino que «se explican» por la manera en que participan de la decisión ocasional. Esta le da su consumación positiva al sujeto, así como su plena determinación a lo que habrá «causado» que el sujeto sea lo que es. «Los sentires son lo que son para que su sujeto pueda ser lo que es».[13] Por eso Whitehead habla del proceso generador de decisión como un proceso de concrescencia, o

---

[12] PR, p. 164 (esp., p. 126).
[13] *Ibidem*, p. 357 (esp., p. 303).

de venir a la existencia, de una entidad «real», es decir, «individual», concreta, irreductible a cualquier explicación abstracta.

Aquí hay una respuesta de Whitehead a lo que, como escribió, «necesitamos comprender»: que cada existencia inmediatamente presente exige *su* pasado. No el pasado sino el suyo, el que esa existencia prolonga a su manera, el pasado que se vuelve causa de esa consumación. Pero cada existencia exige igualmente su futuro «en tanto factor esencial de su propia existencia». La causalidad whiteheadiana va a apelar a aquello que la noción de causa debería haber excluido: el fin que constituye la consumación en sí misma, la venida a la existencia de una entidad real. Así como la causalidad, la finalidad se ve separada de cualquier pretensión explicativa conferida por el poder de reducir las causas «eficientes» a simples medios. Tal poder, inspirado en situaciones en que un plan, un proyecto, una meta pre-existen a la acción, avanza la hipótesis de una finalidad susceptible de ser concebida haciendo abstracción de la acción que la consuma. La biología es un campo de batalla privilegiado en el que se enfrentan el poder de las causas, cuando todo se explica por procesos bioquímicos reputados de ser regidos por una causalidad eficiente ciega, y el poder de los fines, cuando cada proceso está abocado a jugar un rol o tener una función al servicio del todo. Lo que Whitehead llama la «doctrina de la evolución» se ve así asignando la triste responsabilidad de articular dos modos de explicación.[14]

Whitehead emplea el término «*aim*»[15] para caracterizar la dimensión final del proceso de concrescencia. A lo que se dirige el sujeto no es otra cosa que a su propio advenimiento a la existencia concreta, y obtiene la existencia por el mismo proceso en cuyo curso las causas obtienen su determinación. Esto significa también que las causas ellas-mismas «apuntan» a su sujeto, buscan la venida a la existencia del sujeto del que ellas serán causas. Y esto significa además que ni el

---

[14] Para un cuestionamiento devastador de los impases con que tropieza esta biología, véase Jean-Jacques Kupiec y Pierre Sonigo, *Ni Dieu ni gène*, Seuil, París, 2000. Consignamos que la crítica de la bifurcación entre fin y causa ya fue desarrollada por Bergson en su *Evolución creadora* y por Raymond Ruyer, *passim*.

[15] Lamentablemente, la traducción francesa de *Proceso y realidad* traduce indiferentemente *aim* por 'propósito' [fr., *visée*] y por 'objetivo' [fr., *but*, meta], no obstante el segundo sugiera la abstracción que hay que evitar.

sujeto ni el conjunto de las causas pueden ser pensadas independientemente uno de otras, como sería el caso si el sujeto concibiera la muchedumbre de datos que hereda como si fueran piezas esparcidas de un puzle.

El término «prehensión»,[16] que acentúa la connotación de «prensión» y que se encuentra en términos como «aprehensión» o «comprehensión», ha sido inventado por Whitehead para designar la «captura subjetiva» de un «dato», en el sentido fuerte en el que los datos se imponen como «provenientes de afuera», como algo que atestigua por un afuera ajeno al sujeto y que corresponde a ese sujeto hacerlo suyo, constituirlo en parte integrante de «su» mundo. Desde *La ciencia y el mundo moderno*, sujeto era «unidad prehensiva» de lo que no es. Pero a medida que el punto de vista metafísico desplegó sus exigencias, Whitehead descubrió la necesidad de resistir a la abstracción peligrosa que constituiría la noción de dato si fuera separada de la captación que lo vuelve una prehensión, una abstracción que pudiera suscitar la imagen (kantiana) de un sujeto que unifique de manera unilateral aquello que se captó en tanto dato.[17] En *Proceso y realidad*, las prehensiones pueden ser inicialmente una muchedumbre o una multitud (*many*) no unificada, como ocurre con los datos que captan, pero no se trata para nada de una muchedumbre indiferente que padecería una unificación ajena para ella. Desde el momento en que hay prehensión, captación, hay un compromiso en un proceso subjetivo en donde tanto el sujeto como las prehensiones están en juego. Las prehensiones están «animadas» por el propósito del que serán la realización progresiva: van a su sujeto. Correlativamente, los propósitos «no son simplemente maneras de recibir los datos en tanto hechos

---

[16] En realidad, «prehensión» en *Proceso y realidad* tiene por casi equivalente el término «sentir» (*feeling*), con la diferencia de que los sentires deben ser sentidos, mientras que, como veremos, el precio de la consumación es que ciertas prehensiones pueden ser excluidas del sentir. En adelante, utilizaré uno u otro término según el contexto que imponen las citas.

[17] He intentado seguir la manera en que Whitehead entendió esas exigencias en Isabelle Stengers, *Pensar con Whitehead. Una creación de conceptos libre y salvaje*, particularmente en el capítulo «Sentir su mundo». Véase también Didier Debaise, *L'Appât des possibles*, Les presses du réel, Dijon, 2015.

ajenos; ellos visten las osamentas disecadas con la carne de un ser real, emocional, animado por un fin, apreciativo».[18]

Las prehensiones, en tanto apropiaciones subjetivas de datos, participan entonces en el proceso por el cual se determina el sujeto. Pero el proceso de determinación debe ser llamado problemático, que hace existir un enigma del que nadie tiene la solución, y que sin embargo insiste para que haya solución. El que Whitehead haya puesto esta «solución» bajo el signo de una decisión que afirma el valor de un «así y no de otra manera» implica que la solución obtenida se paga también con un proceso de exclusión. Algunas prehensiones serán «negativas», vale decir no negadas sino eliminadas. En otros términos, el punto de vista totalizante es imposible. Las ocasiones actuales no serán reductibles a perspectivas sobre un «mismo» universo. Cada ocasión es un «hecho», la *creación* de una perspectiva, de un valor que se afirma de manera parcial, y el universo no tiene otra unidad que la que le confiere la multiplicidad de las ocasiones actuales que lo unifican, cada una en su propio modo.

Si Whitehead puede escribir que el universo «exige su multiplicidad» es porque, si no hubiera multiplicidad efectiva, discordante, ninguna importancia particular podría estar asociada a cada unificación tal como fue consumada. Cada una sería ubicable, derivable de una totalidad imparcial. El «y no de otra manera» que sucede al «así» debe ser irreductible para que el universo escape de la pobre perfección estática del Gran Todo.

Sin embargo, una verdadera decisión nunca deja indemne, la exclusión deja una marca de su contribución al proceso de determinación: da a la decisión un tenor emocional por donde insiste lo que pudo haber sido y que no fue. El que deba haber habido exclusión forma parte de la consumación,[19] y es la diferencia con el «es así» de los imbéciles contentos. Esto implica que la imaginación no será reducida a una forma de suplemento, de ficción sobreimpuesta a un mundo que sería, por su parte, lo que es. Ella afirma una dimensión

---

[18] PR, p. 163 (esp., p. 125). Whitehead desvirtúa aquí al profeta Ezequiel (Ezequiel 37:10). Me permito remitir a mi propio desarrollo en los capítulos de Isabelle Stengers, *Pensar con Whitehead*, «Sentir su mundo» y «La actualización entre la física y lo divino».

[19] PR, p. 364 (esp., p. 309).

irreductible de la fábrica de lo que es. Los humanos, con sus sueños irracionales y la importancia que dan a las alternativas no realizadas son en efecto «hijos del universo», de un universo en el cual la irrevocable parcialidad del «esto fue decidido así» no podrá jamás ser anulada, pero en el cual este irrevocable jamás tendrá la última palabra. La importancia conferida a las «alternativas no realizadas» no separa de una relación «más verdadera» a la «realidad», sino que atestigua de lo que el «hecho» no puede ser separado de lo «posible».

Sin embargo, ese posible fue en los hechos excluido por la consumación. Esa consumación, desenlace advenido del proceso subjetivo concrescencia, puede irrevocablemente decirse realizado, pero también «finito», en un doble sentido de la palabra: cuando todo fue determinado y el proceso de unificación subjetiva está «finiquitado», se acaba el sujeto, ya no tiene propósito, ni porvenir. «Perece», escribe Whitehead, significa que lo que fue consumado ahora es objeto de otras prehensiones, y se vuelve así un dato entre la multitud de otros datos. Será prehendido, parte interesada de otros procesos, disponible para un futuro en el cual será causa, «más allá de su propia actualidad de realización», de otra cosa que sí mismo.

Ocurre sin embargo que Whitehead acentúe la manera en que el presente se ve concernido por el futuro, cuya consumación en sí misma apunta a su más allá. Estos «hechos consumados» ¿son la herencia pasada que debe ser decidida por el presente o se vuelven pasado *para* el futuro que reiterará sus limitaciones? «La creatividad del mundo es la emoción vibrante del pasado que se precipita en un nuevo hecho trascendente. Es la jabalina, de la que habla Lucrecio, proyectada más allá de los límites del mundo».[20] Más allá de los límites creados por el «y así tuvo que ser» de la consumación finita, esta vibrante emoción puede cargar en ella la insistencia de lo que ha sido excluido. Es propio de la solemnidad del mundo, tal como la experimentamos, que «el infinito exija lo finito», un finito cuyo valor se obtiene al precio de la exclusión. Pero es propio de ella también que

---

[20] AI, p. 232 (ingl., p. 177). Lucrecio, en el libro I de *De natura rerum*: Supongamos, sin embargo, al universo como espacio finito / Si alguien corriera hasta sus bordes extremos / para lanzar una jabalina, ¿crees que, lanzado con fuerza / el dardo llegará a su meta, / o piensas que algún obstáculo podrá detenerlo?

el hecho se pueda hacer sentir por su rechazo a «ser despojado de su pertinencia más allá de su propia actualidad de realización».

Llegaré hasta aquí. Seguir avanzando sería proseguir una vía que, como dijimos, «desafía al sentido común». El Whitehead-Sócrates jamás hubiera hecho una exposición metafísica a los ciudadanos de Atenas, más bien habría continuado la rumia de ellos de un modo susceptible de activar su resistencia a las categorías predadoras que hacen bifurcar la experiencia. La filosofía debe tentar «soldar el sentido común con la imaginación», no dar clases sobre procedimientos de soldadura.

Sociedades whiteheadianas

Whitehead demandó a su sistema que hiciera de él un metafísico, que lo volviera capaz de discernir lo que solicita, aquello que obliga: la coherencia, esa posibilidad de afirmar juntos lo que sabemos, pero que nuestros modos de abstracción desmiembran. Como señalé, el sistema de Whitehead es una máquina de hacer pensar, pero nunca en general, siempre en situación, a la manera del consejo moral de Leibniz, *dic cur hic*. Una no piensa en el vacío, ni se extrae de una situación para saber cómo pensarla. O más precisamente, si se la examina, es en los términos de la nueva situación que hacen que el examen importe. En la metafísica de las ocasiones actuales, no hay que esperar una respuesta a las preguntas reflexivas que hace intervenir, como si vinieran a fundarla, la posibilidad de la experiencia, ni tampoco la cuestión de la verdad, objeto de goce contemplativo, ni mucho menos la cuestión de la comunicación, que garantizaría la posibilidad de un entendimiento «más allá» de los intereses y convicciones que nos separan. Reflexión, contemplación, comunicación, las tres trampas de la filosofía detectadas por Deleuze,[21] Whitehead las esquiva sin que nadie pueda pensar ni por un instante en él como el «Cristo de los filósofos», que es la manera de Deleuze de presentar a Spinoza.

---

[21] Gilles Deleuze y Félix Guattari, *Qu'est-ce que la philosophie?*, Éditions de Minuit, París, 1991, p. 51.

Una filósofa en cuyas manos el sentido común confía aquello que lo hace rumiar no le va a devolver una exposición metafísica, pues los conceptos metafísicos son valiosos para ella —la equipan, le impiden quedar prisionera de dilemas inevitables, de los grandes falsos problemas creados por la filosofía—. De manera análoga a los catalizadores con que están equipados los químicos para lograr las reacciones o las composiciones que sin ellos serían inconcebibles, la metafísica whiteheadiana tiene por valor y por propósito, cuando la filosofía busca activar la soldadura entre sentido común e imaginación, de darle los medios para escapar a las evidencias abstractas que pertenecen a su bagaje de filósofa y que le impiden suscitar la experiencia de «*sheer disclosure*», que es el logro propio de la filosofía.

Así ocurre por ejemplo con la idea de que la existencia debe dejarse aprehender de manera pura, despejada de lo que nos hace plantearnos la pregunta, como una premisa que tuviera el poder de imponer sus consecuencias cualesquiera sean las situaciones. En la filosofía moderna, esa existencia pura, que reclama ser reconocida como condicionadora de todo lo demás, es típicamente la de un «yo» instituido por los filósofos modernos, en tanto que propietario en derecho de la experiencia en la cual él es goce. El «lo que» pensamos y el «cómo lo» pensamos que particularizan todo pensamiento, y el mundo con que tenemos una experiencia pensante, deben hacer un juramento de lealtad a ese «yo» respecto al cual sus pretensiones no son más que correlativas. De allí, la dramatización cuidadosamente orquestada de una imposibilidad radical de pensar la realidad para sí misma, que hace callar lo que sin embargo sabemos.

«La existencia pura jamás ha penetrado la conciencia del hombre, si no como el alejado término de una abstracción del pensamiento. El "*Cogito ergo sum*" de Descartes está falsamente traducido por "yo pienso, luego existo". Nunca es el pensamiento o la existencia pura aquello de lo que tenemos experiencia. Yo me descubro esencialmente siendo una unidad de emociones, placeres, esperanzas, temores, remordimientos, evaluaciones, alternativas, decisiones, son todas ellas reacciones subjetivas al entorno activo en mi naturaleza. Mi unidad —el "yo soy" de Descartes— es mi proceso de puesta en forma de este amasijo de materiales en una configuración coherente de sentires. El goce individual es lo que soy en mi rol de actividad natural cuando confiere a las actividades del entorno la forma de una nueva creación, que es yo mismo en ese momento, y siendo yo mismo es al mismo tiempo una continuación del mundo antecesor».[22]

¿*Cogito* mal traducido? Según el *Thesaurus linguae latinae*,[23] *cogitare* proviene ya sea de *co-agitare*, 'remover continuamente las ideas juntas', ya sea de *cogere* ('reunir'), 'el espíritu reúne varios elementos en un todo con el fin de poder hacer una elección'. Así, la etimología remite a la experiencia de una actividad agarrada con una multiplicidad, no a la doble abstracción de un yo pienso «desnudo» (*bare*) opuesto a una extensión también desnuda. La reflexión cartesiana afirma una doble autosuficiencia de *res extensa* y *res cogitans*, no se requieren mutuamente, lo que para Whitehead significa que es incoherente. La osada afirmación de esta incoherencia tiene por precio la omisión del goce individual que pertenece a todo proceso de apropiación y que afirma indisociablemente el sujeto que goza con aquello de lo que es goce. Pero ni la filosofía ni el sentido común han de ratificar esta operación, a riesgo de dejarle el goce en manos de saberes especializados como el psicoanálisis o la neuroquímica. La caracterización del cogito de Whitehead está ciertamente activada por la metafísica —se puede reconocer allí la multitud de prehensiones (o sentires[24]), su unificación subjetiva y la experiencia de goce apropiativo del sujeto al volverse «yo» sintiendo «su» mundo—, pero no es metafísica. Es una caracterización de la experiencia humana como continuación apropiativa. Como tal, es susceptible de destronar al «yo» cartesiano en tanto propietario en derecho, pero las *res verae* metafísicas, por su parte, no tienen ese poder. Ellas no pueden destronar ni confirmar. Análogas a los puntos de todo tejido, son mudas

---

[22] MP, pp. 183-184 (esp., pp. 187-188).

[23] No voy a presumir de un saber profundo del latín que, contrariamente a Whitehead, no tengo. Se lo tomo prestado a Jeanne Couffin, «Les verbes signifiant "penser" chez Plaute et Terence», en Claude Moussy (dir.), *Les Problèmes de la synonymie en latin*, Presses de l'université Paris-Sorbonne, París, 1994, pp. 141-142.

[24] Recordemos que, en *Proceso y realidad*, sentir (*feeling*) y prehensión son casi sinónimos, solo se diferencian en que las prehensiones pueden ser negativas, excluidas de la síntesis subjetiva, mientras que los sentires designan por definición aquello que participa positivamente en dicha síntesis.

acerca de la realidad en la que participan, es decir, en cuanto a la manera en que, una vez determinadas, serán retomadas por otros. Son abstracciones metafísicas, abstracciones que Whitehead diría «vivientes» porque hacen pensar, porque fueron creadas para hacer pensar y sentir. Pero el valor de esta creación depende de la operación de tejido, es decir, de la manera con que permite plantear la pregunta de las realidades múltiples y variadas que pueblan el mundo, lo que he llamado la cuestión ontológica.

Hemos regresado, claro está, a los organismos, esas entidades que Whitehead había convertido en la «salvación de la realidad». Ya desde *Proceso y realidad* llama «sociedades» a estas entidades. La pregunta es ahora: ¿qué significa, para una ocasión actual, pertenecer a una sociedad?

Una ocasión no dura, en el sentido de conservarse a sí misma en el curso del tiempo. Tiene una temporalidad propia que es la de su mismo devenir, pero una vez devenida, «perece» en tanto sujeto, deviene objeto, algo dado para otras prehensiones. Una sociedad, cuya primera caracterización es durar, está así compuesta de ocasiones que no duran. Correlativamente, las ocasiones actuales perecen en tanto sujetos, pero no cambian. Cada ocasión es un bloque de devenir. Son, escribe Whitehead, las sociedades quienes son puestas a prueba por las aventuras del cambio en el espacio y el tiempo.

Otro contraste: una sociedad no es en tanto tal la afirmación de un valor ni de una meta, es la ocasión quien desde ahora le da sentido a esos términos. Esto significa que una sociedad *no tiene el propósito de mantenerse*. Esta es una afirmación crucial para el empirismo aventurado de Whitehead, que se separa de las explicaciones que atribuyen a las entidades reconocidas como reales una tendencia a autoconservarse, una tendencia que viene a sobrecargar aquello que debe seguir siendo *un hecho*. De una sociedad se dirá solamente: el hecho es que *hasta aquí* se mantiene, y eso sin implicar que, de una u otra manera, ella consuma un propósito. Correlativamente, la manera en que un entorno *importa* para una sociedad, la manera en que es requerido para su mantenimiento, es igualmente del orden del hecho, materia de constatación e incluso de experimentación, no de justificación.

La relación entre la metafísica whiteheadiana y su ontología pasa por todos esos contrastes que acuden a referir términos tales como valor, meta, decisión, goce, etc. nada más que para las ocasiones actuales, y sin someterlas a ninguna instancia, ni en particular a ningún todo que las hiciera sus partes. Una sociedad es lo que mantiene a través del cambio, aunque sea por un corto lapso, la continuidad de un estilo, de un carácter, y pertenecer a una sociedad, para las ocasiones actuales, es determinarse de un modo *conforme* a esa continuidad. Pero el respeto de esa continuidad *no las obliga ni aun les pide* nada. Si ellas se determinan sobre un modo que ratifica su pertenencia es porque están situadas por aquello que heredan, por todas las demás entidades que ya están determinadas sobre tal modo. *Por eso las sociedades importan.* Constituyen para cada ocasión el «medio social» que sitúa su decisión, que le entrega una situación que hará suya a su manera, socialmente conforme. Y son irreductiblemente individuales, cada una tiene su propio estilo, su propio carácter.

El término «carácter» es interesante. De hecho, lo he empleado frecuentemente en forma de verbo, caracterizar, porque no tiene la pretensión de definir o explicar, sino solo de percatar una conformidad. Su uso es pertinente cuando decimos acerca de alguien: «¡Lo reconozco bien en esto!». O cuando estamos intrigados por un comportamiento inesperado, chocante u original: «No lo reconozco, ¿pero qué le ha dado?». Es el mantenimiento de un carácter lo que le pedimos tantas veces a una ficción, o entonces la decisión del guionista de hacer que un personaje haga algo que no se le parece tiene que pagarse con la manera en que los protagonistas de la historia interpretarán, especularán, se intrigarán. Los espectadores quedan decepcionados si llegan a entender que el guionista no hizo más que hacer prevalecer su solo placer.

Para Whitehead, toda descripción o toda explicación suponen la captura de un «carácter» y «la estabilidad del carácter a través de la sucesión de hechos».[25] Pero estas descripciones y explicaciones serán siempre relativas a una estabilidad que no da garantías de nada, a un «hecho» que no ilustra ninguna generalidad. Explicar, aquí, viene

---

[25] MP, p. 120 (esp., p. 117).

siempre después, como una manera de apreciar y comentar el «hecho» de que «esto» se mantenga.

Una sociedad, escribe Whitehead, cambia, pero mantiene un carácter a través del cambio,[26] y esto, agrega, puede recíprocamente permitir caracterizar el cambio. Es el gran triunfo de las ciencias de ascendencia newtoniana el haber podido determinar que las sociedades a las que se dirigían mantienen su conformidad, caracterizada, por ejemplo, por la ley de gravitación, a través de cambios espacio-temporales. Pero las aventuras de un viviente son diferentes: en su caso, las sociedades whiteheadianas tienen más bien la eficacia de intensificar las hesitaciones en contra de la tentación de explicar por medio de una invariante, de algo que permanecería lo mismo, algo que podría ser una metamorfosis. Un primate criado en un entorno humano, donde todo está hecho para que aprenda el lenguaje de señas, ¿encontró simplemente la ocasión de revelar capacidades «dormidas», y no obstante atribuibles a su especie? ¿O bien los criadores deberán aceptar la responsabilidad de haber participado en el engendro de un ser inédito, a quien no se puede forzar sin crueldad a vivir en un mundo sin humanos con quien pactar? Y nosotros mismos, ¿qué sabemos de aquello de lo que podríamos volvernos capaces en un entorno social diferente?

En los dos casos, la hesitación se focaliza evidentemente en una pregunta que hace abstracción de que un primate o un humano no son «una sociedad», sino una intricación vertiginosa de sociedades que, sin excepción, hacen el entorno unas para otras. El «carácter» que pone a hesitar hace abstracción de algo que no interesa a los psicólogos, ni a los etólogos, ni a los guionistas: principalmente, las innumerables sociedades que componen lo que llamamos un cuerpo, que perdura mientras hesitamos.

Whitehead caracteriza un cuerpo viviente como esa región de la naturaleza cuyas partes son «centros de expresión», en el sentido de que cada una es intensamente sensible a las otras, importan las unas para las otras. Esto significa primero que su individualidad es

[26] PR, p. 91 (esp., p. 54). Whitehead escribe «*sustain a character*». La traducción francesa publicada optó por acentuar que, en inglés, carácter designa también un personaje de ficción, a riesgo de aceptar que el átomo también tenga el «rol de un personaje». Nunca insistiremos lo suficiente en las preciosas posibilidades del término «caracterizar».

irreductible, que no se trata de explicarlos a partir de otra cosa que ellos mismos, y en particular a partir de su rol en el todo. «Hacer cuerpo» no es, aquí, 'colaborar' en algo que importe a todos, sino más bien 'participar', 'tomar parte'. Las partes son, podría decirse, «compañeras», están en relación unas con otras, viéndoselas unas con otras, contando unas con otras, haciendo entorno unas para otras, *pero cada una a su propio modo*.

Los «centros de expresión» no demandan a los biólogos volverse metafísicos. Lo importante, aquí, es que según la hipótesis de Whitehead, mientras las preguntas de los investigadores sean más pertinentes, menos tendrán eso que caracteriza la apariencia de una organización, en el sentido del ideal humano en el que cada uno mantiene —o es mantenido por— su rol al servicio del bien común. Mientras más el mantenerse junto del cuerpo más alimente la curiosidad de los biólogos, más estos últimos volverán inteligible «cómo» eso se mantiene junto y más se sorprenderán con lo que demanda el hecho de que esto efectivamente se mantenga.

> «El cuerpo es esa porción de la naturaleza con la cual cada momento de la experiencia coopera íntimamente. Entre la actualidad corporal y la experiencia humana, hay flujos de factores que entran y salen, de manera que cada una participa en la existencia de la otra. El cuerpo humano nos aporta la experiencia más cercana a la manera en que interactúan las actualidades de la naturaleza».[27]

Si Whitehead diferencia aquí la experiencia humana —o, agregaría yo, la experiencia del chimpancé o de cualquier otro animal que él llama «superior»— de la actualidad corporal y las demás actualidades de la naturaleza, no es porque haya un regreso al binarismo del cuerpo y el alma, sino que es una diferenciación pragmática. Nuestra experiencia también está «socializada». Pero pareciera demandar, en ciertas circunstancias al menos, que se dirija a «nosotros», ya sea para llamarnos al orden o bien para abrir una nueva perspectiva *(sheer disclosure)*. El behaviorismo fracasó cuando pensó que podría hacer abstracción de esta demanda. No pudo, en nombre de la ciencia,

---

[27] MP, p. 134 (esp., pp. 133-134).

acumular más que hechos arrancados recurriendo a dispositivos a veces verdaderamente de tortura. Pero el hecho de que ciertos vivientes demanden ser tratados como «originando» sus maneras de dirigirse y responder a su mundo, no significa que debamos definirlos (o definirnos) como «sujetos de experiencia» en un sentido metafísico. El hecho nos pide más bien que aprendamos a sorprendernos con los modos de composición, de intracción, de agenciamiento que requiere ese modo de socialización. Aquello de lo que tenemos la experiencia inmediata es un flujo —una «corriente» (*stream*) escribe Whitehead para la ocasión, en una referencia clara a William James, pero esa corriente de experiencia que integra los afectos derivados del cuerpo tiene por particularidad el hacer importar su propio pasado, que «continúa» la experiencia—.

En *Proceso y realidad*, Whitehead llama «personas vivientes»[28] a este tipo de continuidad. Pero, también allí, el término «persona» no debe prestarse para equívocos. En sentido genérico, designa en Whitehead un orden social que hace un linaje, es decir, manteniendo de ocasión en ocasión una manera de heredar que permite atribuirles un rol o un carácter que se mantiene en el tiempo.[29] Caracteriza, por tanto, también los seres a los que las ciencias de la naturaleza atribuyen el poder de conservarse «por sí mismos» y explicar el resto —un átomo es una persona por ejemplo—. Sin embargo, cuando se trata de una «persona viviente», no es la autoconservación, cuya definición ya no puede darse por sentado, lo que debe ser problematizado, sino la continuidad que es recreada sin cesar de un flujo que, no obstante, muta. «Entre la actualidad corporal y la experiencia humana, hay flujos de factores que entran y salen», y esto en los dos sentidos: ciertas palabras pueden matar, técnicas corporales, de danza o de meditación, o bien sustancias llamadas sicotrópicas son medios cultivados desde «la noche de los tiempos» para transformar la manera en que nos comprendemos a nosotros mismos. Las metamorfosis nos importan porque la continuidad nos importa.

---

[28] Véase PR, p. 193 (esp., p. 153).
[29] PR, pp. 91-92 (esp., p. 54).

En lugar de hacer de la experiencia inmediata de tener un cuerpo un campo de batalla para abstracciones que la desmiembran y le confieren a la imposibilidad de rearticular de manera coherente los escombros de sus propias operaciones el estatuto de enigma abrumador —el famoso *mind-body problem* de los filósofos anglosajones—, hay que aprender con las sociedades a sorprenderse de la cooperación, de la multiplicidad de los modos de participación existencial que atestigua la experiencia. Pero esto no confiere a nuestra experiencia ningún estatuto de fundamento. Con Whitehead, nada funda nada.

Y es allí donde, prevé Whitehead, la objeción podría tener resonancia: «Nuestra doctrina parece haber destruido el fundamento mismo de la racionalidad».[30] Y, en efecto, ¿cómo puede un razonamiento tener una mínima generalidad si no podemos fiarnos de la identidad intrínseca de lo que él llama «carácter», si este no puede ser aislado del cambio? Las matemáticas y la lógica, ¿no se sostienen sobre el hecho de que, por ejemplo, los números siguen siendo lo que son a través de las operaciones que los movilizan y que los individuos designados por las variables lógicas son indiferentes a las implicaciones que los conciernen (Sócrates, que —porque es un hombre es mortal— sigue siendo Sócrates)?

En todo caso, esto muestra para Whitehead la limitación de la pertinencia de las matemáticas y de la lógica. El sentido común, por su parte, no está amenazado, porque para él no hay nada escandaloso en que cambio (proceso) e individuo (carácter) se requieran recíprocamente. Puede aceptar perfectamente que no haya proceso en general y que «la forma del proceso derive su carácter de los individuos que concierne». Y se encuentra igualmente cómodo con la idea de que la manera propia en que el proceso afecta al individuo permita reconocer su carácter, que «los caracteres de los individuos no puedan ser comprendidos en los términos del proceso en el cual están implicados».[31] De hecho, el arte mismo de muchas ficciones es el permitir explorar esta intricación, el permitirle al lector descubrir cómo, bajo una prueba siempre caracterizada individualmente, el carácter de los individuos implicados será afectado de un modo que re-

---

[30] MP, p. 119 (esp., p. 116).
[31] *Ibidem*, p. 118 (esp., p. 115).

velará aquello que, si el autor de la ficción logra hacerlo sentir, no habría nunca cesado de ser.

Solo el racionalismo protestará por que se le destruya su fundamento ante la idea de que las sociedades, en sus relaciones de intricación y de interdependencia, son ante todo diversas, reacias a toda generalidad. La ontología de Whitehead vincula una sociedad al mantenimiento de un carácter a través del cambio, y entonces no permite definir ese carácter independientemente del cambio, ni tampoco definir el cambio independientemente de aquello que afecta.

De hecho, el problema del racionalismo es la posibilidad de una definición, mientras que la ontología whiteheadiana comunica con la posibilidad de prácticas que permiten aprender. Pártase del carácter o del cambio, se puede aprender: el cambio puede permitir caracterizar a una sociedad, y el carácter de esa sociedad puede permitir caracterizar el cambio que la afecta. De este modo, vinculamos el aprendizaje con la cuestión de lo potencial: ¿de qué cambios es capaz una sociedad sin que por ellos se deshaga?

Semejante pregunta nos renvía al vínculo entre la ontología whiteheadiana y su metafísica. El mantenimiento de un carácter no responde a un poder mantenerse, sino a una concurrencia de decisiones ocasionales, y todas ellas son la afirmación de un «así» que podría haber sido otro. Si llamamos «sociología» a la ciencia de las sociedades whiteheadianas, esta sociología afirma posibilidades que conocemos bien en sociedades humanas: por ejemplo, un ejército que hasta entonces «era uno» puede romperse bajo una prueba, y entonces es el «sálvese quien pueda»; un derrumbe de la normalidad puede surgir cuando la aceptación de las necesidades de orden público por parte de los ciudadanos deja un espacio para la aventura de una exploración de las alegrías y los problemas de nuevos modos de compañerismo; o incluso, puede instalarse la furiosa inhibición de cualquier sentir que pudiera perturbar el orden social, etc. Aquí, la explicación viene siempre después de la constatación, pues aquello con lo cual contaba la explicación es precisamente lo que repentinamente le ha hecho falta.

Sin embargo, el hecho de que no podamos explicar las sociedades, ni el carácter que mantienen, ni la manera en que cesan de mantenerse, no nos pone en una realidad ininteligible. Procedemos mediante ese modo de abstracción llamado «analogía», que se percata de las similitudes y distinciones entre la diversidad. Fue incluso por eso que los habitantes de Atenas no pudieron responder a las demandas de definición de Sócrates sino con una constelación de situaciones concretas en las que adquiría sentido lo que ellos reconocían como justo, valiente, etc.

Si Sócrates los incitó a discutir entre ellos sobre sus analogías, tal vez esos habitantes llegaron a hesitar ante algunas de ellas, a percibirlas de otra manera. Y no fue la «buena definición» aquello que se perfilaría. Son más bien las situaciones concernidas, enriquecidas con otras versiones que habrían suscitado su imaginación respecto a otros modos de caracterización, dejando de ser un cliché para volverse capaces de hacer pensar. Las analogías se discuten. Algunas se mostrarán más o menos pertinentes, otras serán juzgadas extrañas o desubicadas o serán ridiculizadas. Pero para Whitehead, sean cual sean los correctos fundamentos de estos juicios, la atención a las analogías le da su primera y última palabra a lo que llamamos inteligibilidad, eso que nos permite reconocer, inferir, prever, alimentar los contrastes que nos interesan y las divergencias que nos intrigan.

Esto significa que el racionalismo no puede trascender el conocimiento por medio de la analogía más que el célebre Barón de Münchhausen pudo extraerse de la arena movediza jalándose del pelo. Pero esto no implica escepticismo: si bien no podemos acceder a la verdad de las cosas, sí podemos ganar en penetración, escribe Whitehead, y es lo que tal vez hicieron los ciudadanos de Atenas. «La manera de proceder del racionalismo es la discusión de la analogía».[32] Esta discusión puede mandar algunas de estas analogías a los falsos-semblantes, al cliché o a las «simples metáforas», pero lo que sea abandonado no lo será en favor de un sentido literal. Las analogías aceptadas serán reconocidas como comunicadoras con los buenos problemas, como guiadoras de la atención hacia las similitudes pertinentes, como probadas en circunstancias exigentes. Que toda analogía plantee problemas no es, para Whitehead, una debilidad en absolutamente nada. El pensamiento es un arte del problema.

---

[32] *Ibidem*, p. 119 (esp., p. 116).

La misma metafísica whiteheadiana es evidentemente un montaje de analogías, cuya particularidad está en deshacer los privilegios asociados a ciertas de ellas y en disociarlas de su poder de incluir y excluir. Toda ocasión es goce, decisión, animada por un propósito, sujeto, incluso la ocasión que pertenece a ese linaje social que llamamos electrón. Que «sociedad» haya sido sustituida por «organismo» está ligado sin duda al riesgo percibido por Whitehead de conferir un privilegio a la perduración del todo asignándole un rol a sus partes. En cuanto a los conceptos metafísicos whiteheadianos, su carácter explícitamente analógico corresponde a la vocación que Whitehead le da a la filosofía: la de soldar el sentido común, atacado por la demanda de definición abstracta que le imponen aquellos que lo juzgan ignorante, y la imaginación, que goza del uso experimental de las analogías, de la exploración de las maneras contrastadas con que puede ser caracterizada una situación.

¿Heredar de Whitehead?

Podemos, aquí, enunciar de otra manera el problema planteado por el linaje científico galileo-newtoniano, que además es aquel que logró hacer la soldadura de la descripción científica positiva con las matemáticas. Desde entonces, por todas partes en la ciencia moderna hay matemáticas, y la diversidad de sus usos traduce, para lo mejor o lo peor, la multiplicidad de modos analógicos que operan en las diferentes ciencias. Pero los físicos, para quienes todo comienza con la definición matemática del movimiento acelerado, heredan un logro que suscita la tentación de darle a la racionalidad un sentido que trasciende la analogía. El que la ciencia iniciada por el movimiento de una bola sobre el plano inclinado que propuso Galileo haya sido bautizada como «mecánica *racional*» celebra el acontecimiento de una puesta en coincidencia entre definición e inteligibilidad.[33] Al caer allí donde cayó, donde Galileo había calculado que «debía» caer la bola, y más precisamente su movimiento, ratificó una hipótesis que no

---

[33] Véase Isabelle Stengers, «L'invention de la mécanique», en *Cosmopolitiques i*, Les Empêcheurs de penser en rond/La Découverte, París, 2003.

versa sobre una simple previsión, sino que da testimonio de la igualdad entre una causa plena y su efecto entero, uno y otro susceptibles de identificarse y medirse la una al otro e inversamente.[34] En otros términos, el movimiento libra sus «razones», plenas y enteras, «dicta» la manera con que debe ser comprendido, «se explica» al producirse.

Es este el acontecimiento que se traduce desde el demonio de Laplace hasta nuestros días por una indiscernibilidad muy particular entre ciertos enunciados emitidos por físicos y enunciados metafísicos. Ese es el acontecimiento que Kant quiso domesticar al entregarle, de un solo golpe, todo lo que podemos conocer al influjo de una especie de física generalizada, y al rechazarle cualquier acceso a la realidad «en sí misma». A costa de darle un lugar, todo su lugar, a la analogía, en la *Crítica de la facultad de juzgar*, pero en el modo del «solamente como si». Se trata aquí de justificar nuestras apreciaciones, nuestros juicios de valor, tanto acerca del arte como de la naturaleza, pero sin confundirlos con la explicación causal que hace de ellos «analogías solamente». El estatuto de las antiguas cualidades secundarias será entonces reconocido, pero, él también, circunscrito, domesticado, puesto en la incapacidad de interferir nuestras definiciones objetivas. Se encuentra así estabilizada la bifurcación de la naturaleza y programado el enfrentamiento entre los portadores de hechos que explican «desencantando» (en el modo del «no es más que») y los defensores de lo inefable (inspiración, genio, etc.).

Heredar de Whitehead sería entonces lograr pensar cualquier conocimiento como analógico sin la nostalgia de un más-allá, y recentrar la cuestión de la racionalidad en torno a la *discusión* de tal o cual analogía, siempre en situación, de su pertinencia, de aquello que vuelve remarcable, pero también de lo que descuida, de la manera en que inicia una relación o autoriza una indiferencia. Volveremos sobre esta manera de heredar, pero a partir de casos no concebidos por Whitehead. Y no solamente porque esos casos pertenecen a saberes más contemporáneos, sino quizá también porque se tratará de un punto en que siento el deber de tomar el relevo, heredar de Whitehead de un modo que active la imaginación de otra manera.

---

[34] Véase sobre este tema el anexo «Le premier dispositif expérimental?», en Isabelle Stengers, *La Vierge et le Neutrino*, Seuil, París, 2006.

Whitehead se vivía a sí mismo, lo subrayé, como perteneciente a la civilización llamada moderna, y diagnosticando su declive buscaba reactivar su aventura. Nosotros vivimos la debacle de esa civilización y, como en un naufragio, buscamos aquello que nos podría ser útil, que deberíamos meter en nuestros botes salvavidas, que podría tener un porvenir trasplantado «afuera de la modernidad». Es un momento difícil, y abundan las divergencias o conflictos. Pero también es un trabajo muy interesante de «desesencialización» práctica, es decir, de discriminación, al interior de lo que tiene la reputación de ser «esencial», entre lo que es solidario con el suelo de la modernidad y lo que podría poder aprender a vivir en otros suelos. Así, se plantea la pregunta: ¿la ciencia que llamamos moderna, lo es «esencialmente» o bien puede volverse el ingrediente de otras aventuras que las que le conocemos?

> «La ciencia no puede descubrir ningún goce individual en la naturaleza; la ciencia no puede descubrir ningún propósito en la naturaleza; la ciencia no puede descubrir ninguna creatividad en la naturaleza: solo descubre simples reglas de sucesión. Esas negaciones son propias de la ciencia natural. Son inherentes a su metodología. (...) Esa ciencia no trata sino la mitad de los datos que le entrega la experiencia humana. Divide el abrigo, que no obstante es de una pieza, o para darle a la metáfora una forma dichosa, examina el abrigo, que es superficial, y olvida el cuerpo que cubre, que es fundamental».[35]

Fue en 1935 cuando intervino esta afirmación, en dos conferencias en que Whitehead opone la «naturaleza sin vida» y la «naturaleza viva». La ciencia que aborda en «La naturaleza sin vida» no es otra que la física de su época, y muestra que culmina en la eliminación de lo que le debe a la observación directa: el haberse desescombrado de los fragmentos de materia, soportes de propiedades y dotadas de un movimiento caracterizado por la velocidad, en favor de «grupos de agitación» que propagan su agitación en el entorno.[36] La «naturaleza» no es más que «actividad pura», constata Whitehead, quien nunca se dejó seducir por la pureza: «¿Actividad para qué?, ¿que

[35] MP, p. 173 (esp., p. 176).
[36] *Ibidem*, p. 157 (esp., pp. 158-159).

produce qué?, ¿que implica qué?»,[37] se pregunta. Lo que concibe mostrar es que la naturaleza de los físicos, al pretender la autosuficiencia, la capacidad de explicar su propio funcionamiento, queda consagrada a negar lo que su metodología le pide omitir. Es efectivamente el caso de las ciencias derivadas de Galileo y Newton:[38] la igualdad de la causa y el efecto implica la posibilidad de afirmar que nada ha sido omitido, que la causalidad puesta en escena es efectiva y ciertamente la razón plena y entera de lo que está descrito, y que la regla de sucesión agota todo lo que hay que comprender. El mismo juicio cae sobre las «ciencias naturales» en conjunto. Y para caracterizar lo que todas omiten, Whitehead va a tomar el ejemplo privilegiado de la experiencia que es «tener un cuerpo».

El cuerpo pertenece a la naturaleza, es el objeto de la ciencia biomédica, ella le pide explicar su propio funcionamiento. Pero lo que se omite es que mi cuerpo, en tanto que vivo, es asimismo la experiencia de un «goce de sí» (*self-enjoyment*), y este goce implica necesariamente cierta individualidad inmediata que es «un proceso complejo de apropiación, en una unidad de existencia, de múltiples datos que presenta como pertinentes el proceso físico de la naturaleza».[39] Whitehead privilegia el cuerpo porque nada de lo que lo concierne es verdaderamente autosuficiente. Y de hecho, como sabemos, cuando se trata del cuerpo, la demostración que la ciencia le pide a la naturaleza será siempre también una prueba —como el corazón apretado a la espera de aquello que un análisis permite diagnosticar—.

El argumento es indiscutiblemente eficaz, pero es difícil ignorar su carácter abrupto. ¿Qué es esta ciencia que reúne a la física más depurada y a la biomedicina? Todo ocurre como si, impaciente,

---

[37] *Ibidem*, p. 165 (esp., p. 168).

[38] Incluida la mecánica cuántica, pues la célebre función de onda cuántica que evoluciona en el espacio de Hilbert responde también al ideal de autosuficiencia. Su «reducción», necesaria a la definición de las probabilidades de observación de las magnitudes medibles (el llamado problema «de la medida»), es lo que infringe ese ideal. Esta infracción ha dado y sigue dando pie a interpretaciones literalmente desbocadas (intervención directa del espíritu humano cognoscente, mundos que se multiplican de reducción en reducción). Como si todo estuviera permitido con el fin de evitar ver a la física convertirse en una ciencia entre otras, relativa como las demás a las preguntas para las que logra obtener respuestas.

[39] MP, p. 169 (esp., pp. 170-171).

Whitehead pescara repentinamente a la lectora, la sacudiera y le pidiera escuchar lo que las abstracciones que habitan en ella le hacen decir y le piden ignorar: «La naturaleza se halla henchida de sangre y vida. Hechos reales se producen».[40] Tiene que osar resentir el goce de existir y osar pensarlo como «fundamental», a contrapelo de la danza exangüe de las categorías que hacen abstracción de él. Es la grandeza del filósofo que sabe salir de sus gongs y sacudirnos de toda precaución para que podamos regresar «a tierra».

Sin embargo, cuidado con la «jugada del mal» que tan a menudo puede excitar la impaciencia, la insistencia de nacer «en la estación equivocada». Es muy posible que Whitehead, en el atardecer de su vida, haya abandonado la idea de que sus colegas acepten que su ciencia pueda omitir algo de manera no provisoria. Habría perdido la esperanza, expresada diez años antes en *La ciencia y el mundo moderno*, de que la noción de organismo pudiera ser un concepto transversal que unificara la diversidad de las ciencias alrededor de la cuestión abiertamente parcial de la perduración. A la pluralidad de las analogías, de las maneras de «hacer sociedad», substituye una oposición: la «naturaleza física», que las ciencias llamadas naturales descifran en términos de regularidad o reglas de sucesión, es superficial, mientras que el goce apropiativo de las consumaciones individuales que vuelven a la «naturaleza viva» es, por su parte, fundamental.

Desde luego Whitehead no confunde superficial con falso. La ciencia no es ni un sueño ni una falsificación, pero debe reconocer que lo que ella encuentra no es más que un factor de la realidad. Él apela a una experiencia que podríamos decirla más «visceral».[41]

> «La doctrina que sostengo es que ni la naturaleza física ni la vida pueden comprenderse si no las fusionamos como factores esenciales en la composición de las cosas "realmente reales", cuyas interconexiones y caracteres individuales constituyen el universo».[42]

---

[40] *Ibidem*, p. 162 (esp., p. 165).

[41] Un día Whitehead dio un consejo a sus estudiantes: «Mediten sobre sus vísceras» (Véase Michel Weber, «The Organic Turn», en François Beets, Michel Dupuis y Michel Weber (dirs.), *La Science et le Monde moderne d'Alfred North Whitehead*, Ontos Verlag, Fráncfort del Meno, 2006, p. 110.

[42] MP, p. 169 (esp., p. 171).

Pero ¿quién es el nosotros que va a efectuar la fusión? Se desataría la «jugada del mal» si los científicos comprendieran que fuera un asunto de los filósofos. Ahora bien, aquí Whitehead aparece vulnerable: en las páginas siguientes, que anuncian esta doctrina,[43] logrará hacer reinar una indeterminación bastante admirable entre lo que afirma nuestra experiencia inmediata de tener un cuerpo, y lo que propone, sin darle un nombre, la construcción metafísica de *Proceso y realidad*. El cuerpo, en este sentido, se vuelve el ejemplo ontológico por excelencia de lo que proponía la metafísica, esto es una «fusión» entre lo que parece destinado a contradecirse, las causas que privilegia la física y los propósitos que requiere lo viviente. Podríamos decir que tenemos aquí de un bello ejercicio de vulgarización, y hay que decir igualmente que, más que alimentar las rumias del sentido común, su autor procede a una puesta en analogía directa cuya meta es convencer. Whitehead corre el riesgo de convertir a sus auditores —y a sus lectores— en rehenes de una confrontación entre dos autoridades en la cima: las de la «ciencia» y la «filosofía».

No voy a seguir la pista de la oposición entre la naturaleza de los científicos y la experiencia de tener un cuerpo. Repetiré al respecto la célebre advertencia de Audre Lorde: «Las herramientas del amo jamás desmantelarán la casa del amo».[44] Proferido por una autora afroamericana, este enunciado pone en cuestión el sentido de una reconciliación amnésica, bajo los auspicios de la racionalidad crítica, entre los hijos de los amos y los hijos de los esclavos que eran propiedad de los amos (si terminó bien, está todo bien). Me permito aquí entenderlo no como un veredicto, sino como una proposición, que me fuerza a pensar en tanto filósofa y a plantear principalmente la cuestión de la tarea que Whitehead le confió a la filosofía. Velar por «nuestros» modos de abstracción puede significar conservarlos como «herramientas» y, como un buen albañil usarlas debidamente, sin darles el poder de imponerse, sin darle al martillo, por ejemplo, el poder de identificarlo todo con clavos para darle martillazos. Pero la proposición de Audre Lorde recuerda también que, incluso si es usada debidamente, una herramienta compromete, y compromete así y

---

[43] *Ibidem*, pp. 171-173.
[44] Audre Lorde, «The Master's Tools Will Never Dismantle the Master's House», *Sister Outsider*, The Crossing Press Feminist Series, 1984, pp. 110-113.

no de otra manera. Ella nos pide una respuesta por la elección de nuestras herramientas y nos prohíbe afirmar que una civilización «no puede ser comprendida sino por los civilizados». La casa del amo era también la casa en la que trabajaban, o alrededor de la que trabajaban, los antepasados de Lorde que, siendo esclavos, tenían su propia comprensión de nuestra civilización. Lorde rechaza olvidar.

Por supuesto Whitehead jamás se propuso «desmantelar la casa del amo». Sin embargo, aunque la tarea de la filosofía, en el sentido de Whitehead, no sea trascender la civilización a la que pertenece, sí le incumbe no ratificar los términos en los cuales esa civilización se ha pensado. No obstante, la oposición que pone en escena nos envía derecho a tres pensadores, Newton, Hume, Kant, instalados en el suelo seguro de una modernidad que no era solamente «epistemológica», también estaba erradicando de Europa —y emprendería lo mismo en el mundo entero— las maneras de vivir y habitar la Tierra que tenían por inconcebible definirla como sometida a la apropiación. La primera herramienta del amo, la que justificó los estragos que le debemos a la alianza entre Estados modernos y capitalismo bendecida por la razón y el progreso, es el derecho de propiedad. Whitehead ciertamente planteó el problema que Hume quiso evitar y que Kant resolvió eliminándolo, el de la situación de nosotros que percibimos en un mundo que funciona por su propia cuenta. La analogía directa que propone Whitehead entre su metafísica y la experiencia de tener un cuerpo pone el acento en la experiencia de un individuo que medita sobre el sentido de sus derechos de propiedad: sabemos que estamos en el mundo, pero sabemos también que esta experiencia del mundo es *nuestra*; sabemos que esta experiencia prolonga un pasado, pero también ese pasado es *suyo*; sabemos que nuestras emociones derivan de actividades corporales, pero somos también *nosotros* quienes las sentimos.

Por más que intente complicar ese saber y negar que el propietario tenga derechos que trasciendan los hechos, Whitehead, para proponer un acceso directo a una comprensión metafísica, se apoya en algo que le parecería innegable a cualquier individuo moderno, y nos sitúa en el mismo paisaje rarificado de los pensadores a los que quiere resistir. Emplea, para discutirlos, herramientas o analogías operantes que debemos hoy en día rechazar olvidar que son las del amo.

Para decirlo en otros términos, Whitehead invirtió la epistemología de Hume, ciertamente, e hizo florecer la metafísica que este pretendía erradicar pidiendo a las impresiones sensibles abstractas protegerse contra toda especulación. Pero una operación de inversión implica siempre un elemento de conservación. Forzando un poco el trazo, podríamos decir que la metafísica de las ocasiones actuales se encuentra aquí domesticada, arrimada al testimonio de una consciencia reflexiva «civilizada», llevada a la tentación del dualismo, habitante de su cuerpo como el amo habita su casa, sin tener que preocuparse por lo que asegura la permanencia de su funcionamiento, y vigilando la «naturaleza exterior» a través de las ventanas que filtran su eficacia y la transforman en inofensivas «impresiones sensibles».

Por supuesto, Whitehead destacó que «si queremos ser escrupulosamente exactos, no se puede definir dónde comienza el cuerpo y dónde termina la naturaleza exterior».[45] Se trata allí de escrúpulos que no lo desvían de su prioridad: emplear las herramientas de Hume para desmantelar su doctrina. ¡Y no dramatiza la posibilidad de que un ladrillo pueda hacer añicos las ventanas de la casa del amo!

Sí, puedo, en la tranquilidad de mi escritorio, asombrarme junto a Whitehead de que haya que pensar a la vez que estoy en este escritorio y que, de una manera u otra, este escritorio está «en mí», que es un elemento de mi experiencia presente, de lo que yo soy ahora. Pero ese asombro traduce primero una sensorialidad dominada por el paradigma de la visión, el ir y venir entre mi punto de vista sobre «mi entorno» y el punto de vista del enunciador virtual para quien, en cuanto que ocupante de tal posición en ese entorno, yo formo parte de la naturaleza.

Ahora bien, como veremos enseguida, la metafísica de Whitehead no demanda el despoblamiento del mundo, ni tampoco una sensorialidad que haga triunfar la abstracción. Al contrario, la coherencia por crear lo forzó a pensar pistas preverbalizadas. Pero cuando llegó a hablar de doctrina, fue para intervenir en un conflicto ya equipado con las categorías de los amos. Al tomar el relevo de Whitehead, lo que «necesito comprender» no es mi experiencia en un mundo tranquilo como mi escritorio, sino la dificultad que tengo, yo «civilizada», para

---

[45] MP, p. 44 (esp., p. 183).

dejarme afectar, tocar, concernir por *ese* mundo que nuestros modos de apropiación han devastado y siguen destruyendo.

Sin embargo tomar este relevo no es dar la espalda, es heredar de otra manera en esta situación que es la nuestra hoy en día, en la que no sabemos muy bien qué significa habitar el mundo moderno. Una cosa me parece no obstante asegurada: no debemos hacer como si pudiéramos lavarnos las manos, renunciar a la herencia y buscar volver a la inocencia que asociamos a los mundos juzgados «primitivos», esto es, aún por modernizar. Por eso me importa la distinción, omitida por Whitehead, entre «la ciencia» y «las ciencias», como así también la tarea que en la época de La ciencia y el mundo moderno Whitehead asociaba con la filosofía: no construir una doctrina, cultivar la vigilancia hacia nuestros modos de abstracción.

Tratar de darles a los científicos el gusto por la vigilancia de sus modos de abstracción es hoy en día necesario, quizá más que nunca. Pero es igualmente indispensable no activar la jugada del mal: no conminar a los científicos a que reconozcan que han dejado escapar lo esencial en una temporada peor que cualquier otra y que los somete a una doble amenaza: primero, la de su avasallamiento bajo una economía sedienta de innovaciones que se ríe sin complejos de la diferencia entre fundamental y superficial; segundo, la de un escepticismo agresivo que se lanza contra cualquiera de ellos que toque las alarmas para advertirnos de las consecuencias de esta historia de innovaciones que hemos llamado «desarrollo».

Si se trata de «desesencializar» las ciencias, o como dice Bruno Latour, «traerlas a tierra»,[46] ¿no habría antes que activar la imaginación de los científicos en un modo que los aleje de esas abstracciones que constituyen «La Ciencia» o «El Espíritu científico»? ¿No habría que tratar de desamarrarlos del modelo de la racionalidad triunfante que les propone esa ciencia, la de los herederos de Newton, que literalmente ignoran la Tierra y sus historias carentes de leyes dignas de ese nombre? Pues este linaje científico se limita a tolerar a las demás ciencias con pretexto de que sus hallazgos solo son relativos a los intereses humanos: jamás les será permitido ambicionar el estatuto

---

[46] Bruno Latour, *Où atterrir? Comment s'orienter en politique*, La Découverte, París, 2017.

del saber que «hasta los extraterrestres» debieran alcanzar si acaso se interesaran por el solo funcionamiento de las cosas.

Si regresamos un instante a la metáfora que propuso Whitehead del abrigo (superficial), ¿podríamos interesarnos por el arte del sastre, quien no puede ignorar el cuerpo de su cliente, aunque sea para considerarlo en relación con su propio propósito: que la prenda caiga bien y le convenga a la morfología animada del cuerpo? La manera en que Whitehead caracteriza «la ciencia», ¿no sería, por el contrario, la manera en que podría caracterizarse un traje *prêt-à-porter* o, peor, imponerse a todos los cuerpos un modelo único, indiferente a su pertinencia?

De hecho, podríamos llegar hasta decir que, de cierta forma, ha tenido lugar la fusión entre la naturaleza sin vida y la naturaleza viva, cuya necesidad era afirmada por Whitehead; pero no del modo que preveía. Pienso aquí en la cooperación entre James Lovelock, químico de origen, y la bióloga Lynn Margulis. Juntos inventaron Gaia, una Tierra que si estuviera gobernada solamente por las leyes de la físico-química sería igual de inhabitable que Marte y Venus, una Tierra que implica y que requiere la actividad de los vivientes que la pueblan.

Lovelock fue muy criticado por la analogía que propuso entre Gaia y un organismo vivo: al contrario de los seres vivos, Gaia solo se alimenta de la luz del sol, no se reproduce, no tiene congéneres, ni mucho menos captura alimentos y no es el resultado de ninguna selección. Pero sí tiene los rasgos del organismo en el sentido de Whitehead. Su carácter habitable no se deriva de leyes generales: es un hecho, una consumación individual continuada, inexplicable en el sentido de que nada más general que ella puede explicarlo, es *sui generis* pero inteligible, se explica a sí misma, «se impone a sí misma en tanto realización definida para sí misma».

Si «fusión» tiene lugar para los científicos, es entonces en el sentido de creación de problemas de un nuevo estilo, que comunican con nuevas analogías. Así, el que Gaia perdure no sería la finalidad perseguida por los vivientes que participan en su existencia continuada. El carácter *habitable* de la Tierra implica y resulta de la interdependencia intrínsecamente anónima de una multitud de actividades, tanto físico-químicas como vivientes, y que ninguna de ellas tiene una relación particular con un interés común que contribuya a su explicación. En otros términos, la analogía que traduce la participación de estas actividades en el mantenimiento en tanto «enrolamiento» no conviene para Gaia, aunque sea pan cotidiano de los biólogos, cuando se refieren al poder explicativo de la selección —la aptitud de sobrevivencia del linaje es definida como razón común del comportamiento de los diferentes componentes de un organismo—. Pero interviene la bióloga Margulis: la *viabilidad* de los poblamientos vivientes implica, en lo que le atañe, la obtención de una forma de interdependencia muy distinta del enrolamiento, la invención de relaciones múltiples, simbióticas o mutualistas por donde los seres vivos se requieren unos a otros para obtener aquello que permite a cada uno vivir. La analogía del compañerismo no solo conviene al cuerpo tal como lo caracterizó Whitehead, también designa eso que para Margulis permite comprender la manera en que los vivientes han participado de la existencia de Gaia, porque gracias a esos partenariados ocurrió que componentes, que hasta entonces relevaban de procesos generales descritos por la química, fueron capturados por los vivientes y metamorfoseados en recursos para ellos. Y Gaia devino fértil.

Hoy, la distinción entre habitabilidad y viabilidad es crítica: Gaia, cual sea el frenesí de lo que hemos bautizado desarrollo, podría seguir siendo habitable para una multitud de microrganismos inventivos que le permitirán a cambio perdurar. Al contrario, cuando los activistas proclaman en la calle «No defendemos la naturaleza, somos la naturaleza que se defiende» están enunciando la amenaza de destrucción que pesa sobre un sinnúmero de maneras terrestres de vivir y devenir unas con otras, gracias a las otras, al riesgo de las otras. Están enunciando el pillaje de los tejidos de compañerismo que llamamos «naturaleza».

Desde el punto de vista de lo que Whitehead llamaba «la ciencia», la época cambió: los físicos podrán seguir midiendo el valor de sus teorías en los términos de una comunidad virtual con hipotéticos extraterrestres que llegan a las mismas conclusiones, pero ya no pueden hacernos olvidar esta Tierra, con las historias entrelazadas de las que también ellos participan, aunque sus leyes hagan abstracción de esas historias. Figuras auténticamente científicas, como Lynn Margulis, que puso la historia de los seres vivos bajo el signo de la invención de partenariados simbióticos, o Rachel Carson, que lanzó la alerta sobre las consecuencias en cascada de intervenciones aparentemente racionales —el uso masivo del DDT [dicloro difenil tricloroetano] para erradicar los mosquitos definidos como responsables de la propagación de la malaria—, nos han dado el gusto de una ciencia que nos hace comprender el entrelazamiento de las cosas, donde hay causas en todas partes pero ninguna es capaz de definir sus efectos, «siendo, por lo demás, todo lo demás igual», porque sobre la Tierra las cosas no son nunca, por lo demás, iguales, porque solo pueden ser definidas con independencia de lo que participan a título de excepción. Incluso la noción de sistema se ha vuelto demasiado aseguradora, un sistema pone en escena relaciones bien definidas, estables con relación al funcionamiento que ellas explican, vale decir, seres también enrolados en ese funcionamiento. Ningún «progreso del conocimiento» es aquí susceptible de hacer el ahorro de la vigilancia que debemos a nuestros modos de abstracción, ni tampoco del cuidado crítico con que debemos discutir las analogías que proponen seleccionar lo que importa y arriesgarse a la omisión del resto.

Heredar de Whitehead, hoy, no es por tanto heredar de una doctrina —su metafísica no está en comunicación con una doctrina— ni de una ontología particular, y en tal caso estaríamos tentados siempre por modos de caracterización que hacen prevaler lo que nos importa. Es incluso lo que hizo el mismo Whitehead cuando privilegió la experiencia de tener un cuerpo y, de manera más general, sostuvo una caracterización de las sociedades que, aunque fuese una simplificación, como admitió, pone adelante su relación con un medio «exterior». De hecho, si las sociedades whiteheadianas tienen un modo de existencia, este debería ser calificado de problemático y apelar a aquellos y aquellas que traten de caracterizarlo a que planteen la pregunta por su pertenencia a un tejido de interdependencias. Apelar a los mismos investigadores a no situarse en un medio sino en cuanto pertenecientes a ese tejido, susceptibles de destrozarlo tanto como de aprender a participar en tejerlo, a volverse parte interesada. «Somos la naturaleza», proclaman los activistas que no solo resisten a la bifurcación de la naturaleza, también se comprometen en el aprendizaje de lo que demanda una cultura del cuidado y la atención.

El que hoy haya científicos que participen activamente en la puesta en problemas de nuestros modos de abstracción, que la proposición de Margulis, que convirtió a las relaciones simbióticas en la firma de los seres vivos en la Tierra, haya sido confirmada y sin cesar enriquecida por una nueva generación de biólogos, que proliferen analogías nuevas en la medida que lo que fue omitido empezó a ser tomado en cuenta, implica la posibilidad de que las mismas ciencias participen de lo que he llamado su «desesencialización». Heredar de Whitehead, en esta perspectiva, es retomar la cuestión de sus pretensiones explicativas sin alimentar la jugada del mal.

CAPÍTULO 4
¿Qué puede una sociedad?

Pensar por el medio

¿CÓMO HABLAR DE ciencias sin activar el mal? ¿Cómo no dejar a los investigadores inamovibles en una actitud defensiva bastante comprensible, pues se sienten «al descubierto»: sometidos a imperativos que los ponen al servicio directo del crecimiento, de una parte, y, de la otra, confrontados a un público que las instituciones tradicionales ya no consiguen disciplinar y que pareciera confirmar sus peores prejuicios? ¿Cómo poner en duda esa pared llamada «La Ciencia» sin tropezar con esta inhibición de pensamiento que releva de una especie de pánico: hay que aguantar, no ceder en nada, si no, va a venir el caos?

Y, sin embargo, la situación no es la de una guerra en la que cada uno debe elegir su campo. Por una parte, son numerosos los investigadores que quisieran trabajar sobre preguntas pertinentes en estos tiempos de debacle ecológica y social. Por otra, la visión catastrofista que plantea que «la gente» va a pensar entonces que los «hechos» son simples fabricaciones ha sido ampliamente exagerada, aun si muchos están más susceptibles que antes de interrogar el argumento del «esto no ha sido demostrado» que en el pasado los hacía callar. Estamos más bien en el tipo de situación que he asociado al personaje del diplomático, aquel que puede intervenir solo cuando los contrincantes están atrapados en una lógica que parece volver la guerra inevitable, y deciden —porque los diplomáticos les hacen sentir que una

paz podría ser posible— suspender las razones que los conducen a la
guerra y dejar a estos diplomáticos darle su chance a lo posible.[1]

Los diplomáticos saben que la posibilidad de su intervención depende de que las razones que conducen la guerra sean «sociales» en
el sentido de Whitehead, es decir, que el «entonces» de la lógica no
baste para deducir la necesidad de conflicto. La situación que le dio
ese poder podría ser caracterizada de otra manera. Para este caso, en
lo que concierne a «La Ciencia», esas razones traducen la pertenencia de los científicos a una institución que les propone una manera de
presentarse que los consagra a movilizarse en contra de la perspectiva de un público que se inmiscuya en lo que no puede comprender.
Hay que notar que estas razones llegan a un impase en la tensión que
suscita el imperativo al que están sometidas de servirles al crecimiento, pues el público, así caracterizado, podría verse autorizado por el
ejemplo de los que no toman en serio los «hechos» sino cuando van
en el sentido de sus intereses.

El asunto de los diplomáticos es desviar el curso de las razones
que movilizan a los científicos, y no atacarlas frontalmente, ya que
eso podría activar la jugada del mal. La diplomacia es una pragmática: un arte de los efectos, un arte que apuesta en que ninguna razón
tiene, en tanto tal, el poder de determinar lo que demanda. En los
términos propuestos por Whitehead, se dirá que se apuesta al hecho
de que la manera en que una sociedad se mantiene, aquello que es
susceptible de definir como requerido para su mantenimiento, es una
pregunta abierta, y solo la jugada del mal puede transformar en una
condición inflexible. En los términos propuestos por Gilles Deleuze
y Félix Guattari en ¿Qué es la filosofía?, se dirá que la diplomacia debe
pensar «por el medio»[2] las razones que justifican la guerra, a partir
de la manera en que esas razones captan e implican un medio propi-
cio, que nutre su evidencia.

---

[1] Véase Isabelle Stengers, *Cosmopolitiques*, t. II, La Découverte, París, 2003, y
La Vierge et le Neutrino, Seuil, París, 2006.

[2] N. del T.: *Milieu*, «medio» es usado aquí en el sentido de 'medioambiente',
'entorno', pero también significa 'mitad' o 'centro'. En francés carece del sentido utilitario
de herramienta o recursos para obtener un resultado («el fin justifica los medios»,
«medios de producción»...), para lo cual se utiliza *moyen*.

En su *Investigación sobre los modos de existencia*,[3] Bruno Latour despliega el personaje de una diplomática en el modo de una experiencia de pensamiento cuyo reto es dramatizar los efectos de un desfase que le tocó vivir en plena cara. En sus investigaciones en terreno, aprendió a apreciar la inteligencia de los practicantes de laboratorio, siempre felices de poder compartir con un investigador atento a sus asuntos, por cierto muchas veces sorprendentes, que se interesa verdaderamente por lo que hacen y lo que cuenta para ellos. Pero durante la gran movilización guerrera en contra del relativismo escéptico, se vio convertido en objeto de venganza pública a manos de esos mismos practicantes (u otros semejantes), que repentinamente comenzaron a mostrarle al público una caricatura dogmática de su propia actividad. Por rechazar la abjuración de reconocer que la «realidad objetiva» existe, Latour fue denunciado como partidario del irracionalismo al alza que amenazaba la civilización.

La intervención de la diplomática que concibe Bruno Latour está situada por el aprendizaje de lo que siguió: comprender mejor cómo ciertas formulaciones consiguieron inquietar así a los practicantes, pero comprender también el desfase resonante entre sus prácticas y su manera de exigir que se vieran reconocidas —si no: guerra—.

El dispositivo diplomático imaginado por Latour para intentar activar una posibilidad de paz pone en escena un medio muy particular: un ágora, por excelencia el lugar público en que los ciudadanos griegos escuchaban a los oradores disputar entre sí. En esta ágora, se ensayaría la formulación de maneras de «bien hablar» de saberes que, hoy, están en rivalidad e intentan descalificarse mutuamente y que solo llegan a acuerdo para descalificar a otros. La diplomática en el ágora debe lograr «bien hablar de algo delante de quienes les concierne —delante de todos, en plena asamblea—».[4]

Ya no se trata entonces de investigar, sino de tener un encuentro con los especialistas «en público», allí donde se comportan como contrincantes. Habría en ese lugar científicos de proveniencias distintas, como también practicantes, juristas, teólogos, médicos, por ejemplo, que también pertenecerían a instituciones que definen al

[3] Bruno Latour, *Enquête sur les modes d'existence*, La Découverte, París, 2012.
[4] *Ibidem*, p. 71.

público como debiéndole mantener a distancia. Como se trata de un dispositivo, hay que ver cómo podría funcionar. ¿Cómo componer la asamblea? ¿Cómo distribuir los roles? ¿Cómo podría activarse en este dispositivo lo que es inhibido por la jugada del mal?

Está primero el que toma la iniciativa que da lugar a la asamblea, el que ensaya la prueba diplomática de «bien hablar delante de». Luego están los contrincantes. Sin el iniciador que los ha convidado, y que pretende bien hablar delante de aquellos a los concernidos, no estarían reunidos, pues su costumbre es más bien «mal hablar» los unos de los otros, y con impunidad, sin que tenga consecuencias. Por supuesto, los «profesionales» endurecidos, los que han hecho gloria con sus juicios arrogantes, rechazaron la invitación. Y finalmente está lo que llamaré «el público», que por haber adquirido el hábito de ser tomado por testigo o rehén o monigote por los anteriores —que están aproximadamente de acuerdo en ese solo punto— hoy duda. Digamos que está compuesto por sorteo para evitar los grupos pre-constituidos. Su presencia, su manera de «crear el medio» de los otros protagonistas, va a ser crucial. Le va a dar sentido a un requerimiento que Latour heredó de Whitehead: «Ante todo, no choquear al sentido común».[5]

Este requerimiento que singulariza al ágora también dramatiza las consecuencias de lo que llamé anteriormente la «derrota del sentido común»: el hecho de que los contrincantes cuenten con un público «paciente», que no se siente habilitado a ser choqueado, aunque hoy se sienta inquieto, sin brújula y algunos hayan sido atrapados por una impaciencia furiosa.

Imaginemos ahora esta asamblea. Cada uno de los que he llamado «contrincantes», al ser confrontado a la prueba de la proposición diplomática que lo concierne, concebirá sus implicaciones y consecuencias. La apuesta de Latour-diplomático es que la manera con que un practicante tiene la costumbre de presentar su práctica a los «incompetentes», a los que no comprenden, no surge de lo que él «hace» en la práctica, de lo que le importa, aquello a lo que tiene apego, sino que lo hace concernido por el mantenimiento de un aparato de «defensa territorial». Y aunque no tenga la arrogancia ciega

---

[5] *Ibidem.*

de un «verdadero profesional», debe hablar en tanto perteneciente a una institución movilizada por la defensa de fronteras instituidas que hay que hacer respetar ante un exterior considerado amenazante. El practicante sabe que si se deja interesar por la interpretación del tipo de experiencia que lo vuelve efectivamente un practicante, sus pares podrían desaprobarlo —«te has dejado atrapar, nos has debilitado»—.

Las «categorías» en juego sobre el ágora no corresponden entonces a una fiel descripción empírica del paisaje de las prácticas, sino al problema diplomático que está planteado, un problema que no concierne a todos los practicantes —muchos de ellos están siendo capturados por luchas territoriales, acostumbrándose a vivir al margen, en una situación subalterna de dependencia formal o efectiva—. Pensemos en las relaciones entre quienes saben qué piden los animales que están bajo su cuidado y los investigadores que vienen a observar «objetivamente» a esos animales, o entre los campesinos y los técnicos de una agronomía cada vez más racional o industrial. Esos practicantes conocen muy bien la experiencia de las caracterizaciones peyorativas, pero no se sienten habilitados a presentarse como insultados o insatisfechos —por eso no forman parte de los contrincantes—, así que están «en el público».

Continuemos, porque la situación se va a complicar. Una de las singularidades del ágora latouriana es que los practicantes efectivamente concernidos se codean, y que cada uno tiene muy buenas razones de escuchar la proposición que el diplomático le dirige a otro, así como su respuesta. El intercambio le concierne porque el practicante sabe que la práctica de ese otro se presenta de un modo que suele involucrarlo a él también, y muchas veces de manera poco halagadora, explícitamente o de hecho. Así, la ciencia no es política (tono de repugnancia), ni religión (*idem*), ni una convención humana como el derecho (ironía), es la verdadera (trémolo) fuente de la innovación técnica, pero quienquiera que la empariente con una simple técnica, relativa a los intereses que sirve, será considerado un enemigo (exclamación). En una situación usual, este tipo de presentación por contraste no tiene consecuencias —solo pensemos en esa cortesía facticia que causa el aburrimiento estéril en los encuentros llamados «interdisciplinarios»—. Pero en el ágora, en presencia de un público que está igual de interesado por los silencios que por las intervenciones, cada uno de los contrincantes concernidos debe poner atención en la manera en que la proposición diplomática y la respuesta que se le hace lo implica o compromete. La tolerancia no funciona más, la ignorancia mutua ya no es una opción. Una puesta en escena de tipo coreográfico debería imponerse entonces, en la cual los protagonistas, habituados a empujarse o a pisarse los zapatos, aprenderían el arte de los encuentros, los ajustes y las distancias.

El modo de presencia del público que requiere el ágora de Latour es, por su parte, en algo análogo al de los ciudadanos de Atenas que asistían al espectáculo de las pasiones escenificadas por las tragedias y rumiaban con el coro que comentaba su curso. Este público no es directamente parte interesada del problema dramatizado en el ágora. Pero escucha, cogita y aprecia. Es vigilante. Y si es choqueado, lo será por un juicio peyorativo que le concierne y lo insulta. O entonces por alguna tontería autoritaria, una conclusión precipitada, una finalidad dogmática de inadmisibilidad, una ruidosa incoherencia procedente de los que pretenden saber allí donde el público rumia. Y entonces, al sentirse habilitado a apreciar, ejerce condiciones y su potencial impaciencia fuerza a los contrincantes a intentar bien decir, a caracterizar de la manera más sobria el rumbo que según ellos habría que mantener y lo que eso exige, la manera en que eso los sitúa. Y los incita incluso a escucharse unos a otros, a dejarse tocar por la manera en que cada uno intenta responder a esta prueba.

¿Podrán los contrincantes volverse capaces de llegar a una manera de presentarse cada uno, y de «bien hablar» de lo que le importa a cada uno, que no tenga la necesidad de definirse «contra» otros? La historia no lo dice. Pero, si pueden, no será porque logren «respetar» el sentido común como se puede respetar el código del tránsito. Si Whitehead le daba a la filosofía la tarea de soldar la imaginación y el sentido común para «refrenar los ardores de los especialistas», no era a la manera del pie que aprieta el pedal del freno al acercarse al control de velocidad. Lo que estaba en cuestión era la canalización de su imaginación.

Gilles Deleuze y Félix Guattari pedían pensar por el medio. Y si lo principal aquí es pensar la beligerancia por el medio rarificado, desprovisto de fricción, que requiere esta institución llamada «La

Ciencia» cuando define como un derecho, y hasta el deber, de un especialista resistirse a la tentación de dejarse tocar por la presencia y la perplejidad de los otros. El ágora es una verdadera prueba, pues la manera en que los especialistas representan su práctica no es separable de ese medio rarificado, de su adhesión a la necesidad de poner a distancia las incertezas que los englutiría en un sentido común que para ellos no es más que opinión. Sobre todo, las incertezas podrían hacerles perder tiempo, o llevarlos a vacilar de un modo «estéril», un modo que no hace «avanzar el conocimiento».[6]

«No choquear al sentido común», en este dispositivo, significa entonces hablar delante de un público atento, exigente y alerta, susceptible de protestar si se lo trata como un rebaño que busca a su dueño. Un público que figura en un «medio aficionado», habilitado, capaz de interesarse y de apreciar, pero también de objetar; es el medio que, sin que lo sepan, hace desesperadamente falta a las instituciones modernas.[7] Ya hice alusión a las tragedias griegas, que ponían en escena el desencadenamiento de pasiones fatales, indiferentes con sus consecuencias. Esas tragedias eran consideradas esenciales a la cultura política de los ciudadanos que tenían que aprender a conocerse con esas pasiones, a degustarlas, y así no dejarse someter por ellas. El carácter especulativo del ágora de Latour subraya la ausencia de tales dispositivos en el mundo moderno, que alimentan una cultura política capaz de hacer la diferencia entre lo que llamamos democracia y el arte de guiar un rebaño.

El dispositivo del ágora le da un nuevo sentido al llamado a cultivar la vigilancia hacia nuestros modos de abstracción que el mundo moderno inspiró en Whitehead. La tarea de la filosofía no sería mantener esa vigilancia, sino llamar a un cambio de medio. Recordemos que las sociedades whiteheadianas dependen de la paciencia del medio que afectan, pues de lo que se trata es de apostar por un medio habilitado para hacer sentir su impaciencia frente a las pretensiones hegemónicas que lo chocan. ¿De qué podrían volverse capaces los especialistas si sus instituciones de pertenencia no les privaran de la prueba de esa impaciencia, es decir, si no definieran a la figura del

[6] Véase Isabelle Stengers, *Otra ciencia es posible. Manifiesto por una desaceleración de las ciencias*, NED ediciones, Barcelona, 2017.
[7] *Ibidem*, capítulo «Pour une intelligence publique des sciences».

practicante conforme, que debe solo preocuparse de lo que interesa a su práctica? La apuesta de Latour implica que ese tipo de conformidad, que permite obtener practicantes aguzados en sus dominios, e ignorantes, ingenuos y arrogantes en lo demás, no es algo esencial de las prácticas modernas, es decir, que expuestos a un medio exigente (pero no acusador) los practicantes podrían volverse capaces de explorar otras maneras de caracterizarse y de caracterizar sus prácticas.

El ágora imaginada por Bruno Latour podría hoy aparecer como una respuesta a un pasado superado, cuando se produjo la «guerra de las ciencias» y el público aún escuchaba a los especialistas. Ese público, en cuya presencia apuesta la diplomática, está en vías de desaparición. El enloquecimiento se apoderó del rebaño hasta entonces disciplinado por las promesas del progreso y el crecimiento económico, pero también del inexorable avance de un conocimiento que pone al planeta bajo el servicio del género humano. Lo posible que designa el ágora pareciera estar eclipsado por la urgencia de una movilización para defender a los especialistas en contra del «odio a los hechos».

Y, por cierto, el hacer hesitar a especialistas que, desde entonces, puedan ser atacados cuando los hechos que anuncian causen molestia, puede recordarnos la fábula de Jean de La Fontaine «El maestro y el niño», en la que un profesor le dirige reprimendas a un niño que se ahoga en el agua. Los especialistas podrían asimilar el final de la fábula: «¡Pero amigo, líbrame del apuro primero, y después suelta tu lengua!». Salvo que, en nuestro caso, ese «después» cuando los especialistas serán por fin escuchados, pide de manera vital que ellos también se vuelvan capaces de escuchar y que abandonen el sueño de un rebaño que vuelva a ser calmo, confiado y gobernable. La movilización en medio de la urgencia, que despacha la paz de los diplomáticos a la dura realidad de las prioridades, es una peligrosa consejera.

Pensar por el medio no tiene nada que ver con conformarse a lo que el medio vuelve probable o improbable, es más bien resistir a las explicaciones que normalizan, que anestesian la imaginación y que dan curso libre a la jugada del mal. Es principalmente rechazar darle la razón retroactivamente a quienes han vinculado la atención crítica hacia la autoridad que reivindican los hechos científicos con la amenaza de un ascenso de la irracionalidad. Esto no significa denunciar a las instituciones en tanto tales, sino caracterizar a las instituciones modernas por el medio rarificado que exige su autoridad. Pensar por el medio, aquí, es entonces recordar que esa rarificación es peligrosa, profundamente malsana, ya que no separa a la situación de aquello que Whitehead llamaba sus «potencialidades». Se trata más bien de apostar por un posible que comprometa sobre el modo de la opinión caracterizada por William James como *genuina*,[8] es decir, viva o insistente, importante y sobre todo obligada; hay que hacer la apuesta porque abstenerse es tomar partido en contra de lo posible. La experiencia de Bruno Latour que apuesta por el sentido común sigue, en ese sentido y a su manera, un camino que Whitehead no habría renegado, ya que, al dramatizar la posibilidad de que los especialistas puedan traicionar a las instituciones que hacen de ellos unos «profesionales», Latour apuesta por la posibilidad de que aquello que hemos llamado nuestra civilización tenga un futuro.

Voy a seguir ahora otro camino, distinto pero correlativo con aquel. Volveré a encontrarme con Latour, pero en cuanto emprenda pensar «frente a Gaia». Aprender a bien hablar de las ciencias es también aprender a bien hablar de la manera en que estas se dirigen a lo que tenemos el hábito de llamar «naturaleza». Tratar diplomáticamente esa costumbre es evitar la oposición demasiado rápida entre «naturaleza sin vida» y «naturaleza viva» que podría poner a los científicos en pie de guerra. De lo que se trata no es de rechazarles el acceso a la «naturaleza viva», sino de hacerles la pregunta: ¿Cómo acceden? ¿Cómo se vuelven capaces de aprender lo que demanda ese acceso? Y esto no en general, sino que prendidos a la pluralidad de las maneras sociales de mantenerse, y de hacer que importen sus entornos, que componen nuestros mundos.

---

[8] William James, *La Volonté de croire*, capítulo «La volonté de croire», Seuil, París, 2005, pp. 40-41.

Encontrar más

La diplomacia es un arte de palabras, lo que significa que la diplomática no le tiene miedo a las palabras, pero conoce su peligro: no intentará proscribir a algunas de ellas, se apegará a detectar los usos que las vuelven peligrosas.

Volvamos a la «bifurcación de la naturaleza». La cuestión aquí ya no será, o no primeramente, la bifurcación entre los «hechos objetivos» y los valores u otras «adiciones subjetivas». Se va a volcar sobre la palabra «naturaleza», término ambiguo y sujeto a controversias. Algunos subrayan que la naturaleza, en el sentido de «pura de cualquier testimonio de actividad humana», no existe más. Hasta los océanos están invadidos por los deshechos plásticos y, en el cielo, otros deshechos cada vez más numerosos amenazan la seguridad de los vuelos espaciales. Algunos temen ante todo aquello que escolta el adjetivo «natural», entendido como legítimo, normal o auténtico. Y otros rechazan la oposición entre «naturaleza» y «cultura», que comunica tanto con la excepción humana en un mundo en el que todo lo demás «obedece» como con la tesis del gran reparto entre los que saben distinguir naturaleza y cultura y los que mezclan todo. Y, por mientras, los físicos en sus laboratorios ultratecnificados siguen definiéndose en busca de las «leyes de la naturaleza».

La idea de que para que se pueda hablar de naturaleza, esta deba ser «pura» o «salvaje», le otorga demasiado a la actividad humana. Ni siquiera los bonsáis, minuciosamente «civilizados» por los japoneses, ni los monocultivos de OGM, ni las razas de perros pastores son el producto de esa actividad. Los humanos deben pasar por lo mismo que exige un árbol, una planta o un perro para vivir, siendo tal vez el caso límite los criaderos industriales, donde más que nada se intenta «hacer vivir» a los animales a punta de medicamentos o, dicho en otros términos, se les impide morir. En cambio, pureza, autenticidad, abuso, para nada preocupan a los físicos: la Tierra se mueve, los adversarios de Galileo no podrán impedirlo —esa es la naturaleza a la que se refieren, son sus leyes lo que intentan caracterizar—.

De este revoltijo de significaciones y retos, el asunto ya no es extraer una «buena definición» cualquiera. Se trata más bien de crear significaciones que respondan a lo que requieren los y las que están concernidos por esas significaciones. En este caso, desde *El concepto de naturaleza*, Whitehead le exigió al concepto que iba a crear que le diera sentido a una ciencia que no fuera un sueño[9] — hoy, diríamos que no sea una simple construcción social, lingüística o cultural—. La «naturaleza» a la que refieren los científicos debe ser susceptible de *darles prensión*, no debe reducirse a una realidad muda, que derive la responsabilidad de lo que le está atribuido al solo y famoso «sujeto cognoscente». Pero no debe ser tampoco algo a lo que solamente científicos tengan acceso. *Hay otros concernidos por las prensiones que ofrece la «naturaleza»*. Hay que preguntarse entonces por el tipo de prensión que requieren las ciencias.

> «Nos inclinamos instintivamente a creer que, por medio de una atención apropiada, podemos encontrar más en la naturaleza de lo que se observa a primera vista. Y que no nos contentaríamos con menos».[10]

El «nosotros», aquí, es indeterminado, y podría concernir a los animales no humanos, así como a los humanos o a los científicos. La atención de un animal al acecho, las orejas del conejo que se orientan al menor ruido dan testimonio de la relación entre la percepción y la posibilidad de encontrar más. ¿El conejo toma la decisión consciente de orientar sus orejas? No más que nosotros cuando reaccionamos a un ruido imprevisto. De todas maneras, en tales casos, lo que llamamos conciencia no intervendrá más que en segundo lugar, salvo si nos hemos decidido conscientemente de permanecer impávidos (y aun nos traicionarían ciertos micromovimientos si alguien tiene los medios de descifrarlos). La «naturaleza», si está articulada, como propone Whitehead, a una prensión que permita «encontrar más», no es un objeto de representación consciente, sino de preocupación pragmática. Aquí el asunto del conejo es una cuestión de sobrevivencia. Su manera de prestar atención implica la importancia, vital para

---

[9] CN, p. 62 (esp., p. 42).
[10] *Ibidem.*, p. 53 (esp., p. 40).

él, de distinguir entre el acercamiento «real» de lo que debe hacerle huir y lo que «no es más que un ruido».

Por supuesto, lo que llamamos desde ahora naturaleza constituye un reto diferente para la presa que huye, para el predador que se le acerca y para el experimentador que observa. Lo que todos refutan, en unanimidad pero cada uno a su manera, es la hipótesis de una naturaleza inconstante, de un fragmento de sueño caleidoscópico que se hace, se deshace, se metamorfosea cada vez que cambia la manera de poner atención. Lo que anuncian es que los retos que se urden en torno a la naturaleza serán sociales, que implicarán no ocasiones actuales, sino ocasiones en tanto que participan en «sociedades». La noción de prensión nos confronta a preguntas «ontológicas» acerca de la cuestión de saber de qué son capaces las diferentes sociedades que componen el mundo en el que estamos.

Otra expresión indeterminada es la «atención apropiada». ¿Apropiada a qué?, pero también, ¿para qué? La atención del experimentador tiene poco que ver con la del conejo o la del etólogo que aprende a descifrar un comportamiento animal, pero en los tres casos es —o se espera que sea— «apropiada para encontrar más». En cambio, existen bastantes otras maneras de poner atención que implican otros modos de prensión, otras relaciones y otros retos. Siguiendo la proposición de Whitehead, dejaré de hablar de «naturaleza». Esa palabra quedará reservada para aquello que implica la posibilidad de «encontrar», es decir, una diferenciación práctica entre aquel que busca encontrar y aquello a lo que se dirige. Para encontrar más, aquello a lo que se dirige no debe ser transformado por la atención de la que es objeto, debe «permanecer sí mismo», seguir siendo aquello acerca de lo cual encontramos algo. «Encontrar» no es la única manera de aprender, pero es la que conviene a la insistencia de los científicos cuando definen sus logros como accesos a la realidad «en sí misma», independiente de nosotros. Una pretensión un poco exagerada, pero que podemos traducir como lo que exige una «prensión» lograda según quien defina esa prensión. El alpinista que, para escalar más alto, busca un agarre para sostenerse demanda que sea estable en relación con su peso. La ambición de encontrar más exige cierta indiferencia de aquello acerca de lo cual se trata de encontrar más relativamente a las preguntas que esta pone en juego.[11]

La proposición puede parecer extraña, pero es interesante por sus efectos y por los problemas que levanta. En otros términos, tiene una eficacia que releva de la pragmática, que se dirige a una práctica a partir de la pregunta por lo que requiere sin hacer de lo requerido una condición que el practicante pudiera exigir que sea cumplida. Excluye afirmaciones tales como «la naturaleza no existe» o «la naturaleza es inaccesible al conocimiento», que insultan a los científicos y los ponen en pie de guerra. En efecto, ¿cómo aprender a prestar la atención apropiada para encontrar más acerca de lo que no existe? ¿Cómo decir que es inaccesible algo que sí ha permitido una prensión? Sin embargo, aquello a lo que acceden los científicos no tiene autoridad para otros cuya atención implica retos diferentes. El concepto de naturaleza permite a los científicos resistir a quienes reducirían a «simples construcciones» lo que ellos obtienen, pero no que se olviden que también están situados por lo que la «naturaleza» demanda.

Toda prensión que permita una puesta en relación compromete las dos partes que concierne. Si un valor realista puede estar asociado a las prácticas científicas es porque ese valor se aferra de su modo de compromiso, y si uno puede asociar «naturaleza» con la posibilidad de «encontrar más» es en tanto que aquello a lo que se presta atención es susceptible de aceptar la oferta de compromiso de un modo muy particular. No puede ser seducción ni interés común ni obediencia ni imposición unilateral. Así llegamos a la asociación de la objetividad científica con el tema del logro. Las ciencias no suponen la bifurcación de la naturaleza, pero cuando tienen un logro, una bifurcación pasa entre los que son activamente responsables de la oferta y los que la han aceptado, *aun si pudieron haberla declinado*.

Por otra parte, cuando se trata de las ciencias que llamamos experimentales, la relación que se ofrece tiene los rasgos de un compromiso que demanda una disimetría máxima entre los dos polos, entre el que actúa, escoge, elabora y aquello que debe padecer y endosar su

[11] De allí la tensión entre las artes sicoterapéuticas y la referencia científica. En *L'Hypnose entre magie et science* (Seuil, París, 2002) propuse que la intrínseca indiferencia prestada por Freud al inconsciente fue aquello que le permitió pretender decodificar los efectos sin que estos pudieran ser contrainterpretados en términos de sugestión.

rol sin «poner de su parte». La respuesta obtenida debe ser identificable a un resultado «imparcial»: el ser que responde tiene que ser indiferente a los retos articulados en torno a su respuesta, e indiferente entonces al rol que endosa. La respuesta debe ser asimilable a una simple resultante intervención experimental.

Así, la singularidad del hecho experimental consiste en exacerbar la oposición entre el que plantea las preguntas y el que las responde, es decir, y pone en relación maneras de «hacer sociedad» que autorizan a esta oposición. El logro experimental implica de parte de los experimentadores un «hacer sociedad» radicalmente parcial, para quien solo importa, solo tiene «verdaderamente» valor, aquello que ha sido enrolado de un modo que satisface las exigencias de la prueba.[12] Este logro no puede implicar por otra parte más que aquellas sociedades que se dejan enrolar fácilmente de un modo indiferente: sociedades para quienes el laboratorio es un entorno como cualquier otro, lo que les exige la demostración no es una prueba, no están concernidas por el reto de una prueba. No es suficiente, en caso alguno, «volver indiferentes», engañándoles, a los que son interrogados por el reto.

La palabra logro es aquí diplomáticamente importante. Satisfará a los experimentadores, pero los separará de aquellos para quienes la prueba es generalmente exigible sea cual sea su precio. Un logro no

[12] Pero el logro técnico es completamente diferente. Se lo puede poner bajo el signo de una irreductible corresponsabilidad. En *The Mangle of Practice* (Chicago University Press, Chicago, 1995), Andrew Pickering hizo la comparación entre la elaboración de un aparato de detección y una danza. Es claro que quien elabora tal aparato podría luego rendir cuenta de lo que hizo refiriéndose a los procesos físicos o químicos que son responsables de su funcionamiento. Pero solo al cabo de una danza en dos tiempos. En el primero, el humano agencia, ajusta, perfecciona; en el segundo, deja funcionar el detector y observa cómo responde a los acontecimientos que lo afectan. Y luego regresa a su rol activo de agenciador antes de volver a ensayarlo hasta que el detector valorice de manera estable aquello que tiene por función valorizar, es decir, las «reacciones» a los eventos para cuya detección fue construido. Solo entonces el detector tiene el valor de un instrumento con el cual el experimentador puede obtener informaciones fiables acerca de lo que es detectado. El logro, aquí, es el de un «hacer hacer», no de una prueba. Véase sobre este tema Isabelle Stengers, *Cosmopolitiques II*, capítulo «La vie et l'artifice», Les Empêcheurs de penser en rond/La Découverte, 2003, pp. 244-245. Véase también, para el entrelazamiento de humanos y de técnicas movilizadas por la prueba, el soberbio libro de Natasha Myers, *Rendering Life Molecular: Models, Modelers, and Excitable Matter*, Duke University Press, Durham, 2015.

es un derecho. El modo de atención exigido por el «encontrar más» experimental puede no ser «apropiado».

«Un hombre enojado, salvo si esa emoción ha sumergido todos sus demás sentimientos, por lo común no amenaza con el puño al universo en general. Hace una selección y le pega al vecino. Mientras que un pedazo de piedra atrae imparcialmente al universo siguiendo la ley de gravitación. (…) Es verdad que la roca cae en una porción particular de la Tierra. Esto ocurre porque el universo, en esa vecindad, ejemplifica una solución particular de una ecuación diferencial. El puño del hombre, en cambio, está dirigido por una emoción que busca una nueva situación en el universo, a saber, la caída de su adversario».[13]

Podemos hacer de la caída de la piedra un ejemplo particular de una ley general establecida experimentalmente. Pero cuando el hombre golpea a su vecino, la idea de reducir el golpe al resultado imparcial de un conjunto de «causas» que los científicos deberían activamente identificar, no es un sueño quimérico de los neurofisiólogos. El hombre enojado no es, sin embargo, un «sujeto libre y responsable». No se podrá pasar sin transición de las leyes de la naturaleza a las leyes de los hombres que lo reputan culpable. Whitehead toma el gesto del hombre como ejemplo de «comportamiento animal», y un tigre hambriento saltando sobre su presa también le podría haber servido. Tienen en común el que sus comportamientos no pueden, contrariamente al movimiento de la piedra, ser caracterizados abstrayendo eso que buscan. Acerca de los conductistas que juzgan importante negar eso que buscan y reducir los comportamientos a una sucesión de acciones y reacciones, Whitehead nota: «Un conductista coherente no podría encontrar importante refutar mis enunciados: él solo puede "conducirse"».[14]

El ejemplo de la manera con que las ciencias experimentales «hacen sociedad» no es generalmente pertinente en lo concerniente a las conductas animales. El puño de un hombre podría también ir al experimentador, si se percatara de que en realidad es él el responsable de la

---

[13] MP, p. 51 (esp., p. 40).
[14] *Ibidem*, p. 46 (esp., p. 34).

provocación que suscita su enojo, pues lo han «manipulado» o «engañado». La capacidad de prestar una atención apropiada a los espejismos, o a los señuelos, no es un recurso inherente de todos los seres vivos, pero señala lo que podríamos llamar el final de la «inocencia experimental»; el animal también podría ser capaz de «encontrar más», principalmente, acerca del dispositivo que supuestamente iba a enrolarlo al servicio de la ciencia. Y, entonces, la significación de este último muta: se vuelve aquello a lo que el animal da sentido, de un modo u otro, pero siempre de manera parcial, por sus propias razones.

Las y los que, «afuera de la ciencia», aprenden a conocer a un animal, y siempre a *ese* animal, sin duda quedarán un poco indiferentes ante la pregunta de saber si aquello que aprenden responde o no a los valores que permitirían a «la ciencia» afirmar haber encontrado más acerca de «la naturaleza». En cambio, la pregunta es crítica para los etólogos: ellos aceptarían que, por ejemplo, lo que llaman «habituación» les permitiera afirmar que los animales se han vuelto «indiferentes» a su presencia y adopten un comportamiento «natural». Y es aquí también donde el término «naturaleza» se vuelve peligroso, es decir, cuando el enrolamiento disimétrico que permite «encontrar más» viene a entrelazarse con la idea de una «naturaleza» dotada de leyes propias o de un comportamiento «natural» con reglas propias. Y así otras palabras se convierten en trampas, como obedecer, resultar o ser indiferente. «Ya ves, la has roto», le dice Epicteto a su amo torturador. Pero su indiferencia estoica no hace de él un instrumento que atestigüe de los límites de resistencia de una tibia. «*Perinde ac cadaver*» era el voto de obediencia de los monjes ascetas, «obedecer como un cadáver». La obediencia del monje que abjura de toda voluntad propia no hace de él un cuerpo inerte. Tampoco el logro experimental de Pasteur y sus sucesores dependió de la indiferencia de los microorganismos a las variaciones experimentales controladas en su medio, por el contrario, dependía de la manera extremadamente neta con que «evaluaron» ese medio: probeta, caja de Petri, cuerpo viviente, poco les importa a los microorganismos que se prestan a este tipo de cultivos, si aceptan la oferta, es que habrán respondido a la pregunta: ¿Permite este medio crecer y multiplicarse? Ella es la que articula la relación entre el experimentador y su población de microorganismos.

El término «parcialidad» es central en la ontología whiteheadiana. Toda sociedad es parcial, hace importar su entorno de un modo propio, lo valoriza así y no de otra manera. La caída de un bloque de piedra es una excepción, es un ejemplo de comportamiento «imparcial»: se estrella en un punto que no depende más que de sus condiciones iniciales y, como tal, puede ser tanto el instrumento para un crimen como un ejemplo del azar que quiere que alguien estuviera «en el lugar y en el momento equivocados». La imparcialidad significa que el propósito es ajeno a los cuerpos sometidos a la sola ley de gravedad (no se habla del paracaidista, que aprovecha la fricción, ni de las aves, los planeadores o los aviones). Causa y efecto solo pueden decirse equivalentes porque la piedra en tanto que cae es indiferente de su efecto.

Es normal que los movimientos «imparciales» hayan sido ligados privilegiadamente con la noción de función matemática,[15] pero que hayan sido aceptados como el modelo de inteligibilidad, que implica la ciencia «autosuficiente» denunciada por Whitehead como ilusión, es un desastre. Desde el punto de vista de la ontología whiteheadiana, toda analogía que los movilice es inadecuada, no suscita la atención apropiada para encontrar más, para por ejemplo asir la extrema parcialidad que significa el esfuerzo que busca la imparcialidad. En cada caso se impone entonces la vigilancia de las analogías y de los modos de abstracción que estas promueven. A través de la cuestión de la atención apropiada, es la pluralidad de las sociedades con que tenemos pragmáticamente que vérnoslas lo que se pone en cuestión, así como la pluralidad de prácticas susceptibles de encontrar más, principalmente de aquellas donde de lo que se trata es «aprender de». Sin olvidar —llegaremos a ello y allí dejaremos a la naturaleza— aquellas en que se aprende con.

Aprender, es cierto que los científicos hacen eso todo el tiempo, pero cuando su logro comunica con la verificación de una representación teórica, la necesidad de aprender es frecuentemente escamoteada. A los físicos les gusta repetir, acerca de la química, que «aprende», mientras que la física «comprende». Y en efecto, los químicos

---

[15] Sobre el poder del signo "=", Véase Isabelle Stengers, *Cosmopolitiques* I, La Découverte, París, principalmente pp. 107-112.

«aprenden de» la vertiginosa variedad de las composiciones químicas por caracterizar aquello de lo que son capaces sus ingredientes. Incluso si tienen que darse cuenta de que la posibilidad de una composición depende de la presencia de un «catalizador»: también la separación entre operación posible e imposible es relativa a las circunstancias. La inteligibilidad, cuando llega, se obtiene después del «hecho»: los químicos *vuelven inteligible*. Y la inteligibilidad que obtienen es siempre relativa a pruebas, a la manera siempre parcial en que un cuerpo químico es susceptible de hacer que importe su entorno, de afectarlo y de ser afectado por él. «¿Qué es el oro?» se preguntaban los antiguos químicos, y a su respuesta —oro es lo que resiste a todos los ácidos, con excepción del agua regia desde el siglo XVIII— le siguieron otras más que multiplicaron puntas y cabos, pero siempre relativos a nuevas pruebas, a la elaboración de nuevas maneras de afectar. Los químicos vuelven inteligible aquello que aprenden, y hoy lo hacen principalmente gracias a la teoría cuántica, pero no aplican esta teoría, la utilizan, la arreglan un poco para interpretar lo que han aprendido.

Para Whitehead, todo conocimiento es relativo a la cosa como «finita», «nunca podemos comprender completamente», pero «podemos hacer crecer nuestra penetración».[16] Así, la multiplicación de los medios de prestar atención a lo que pueden los «agentes» químicos, a lo que son sensibles, ha llevado hoy a una verdadera etología reveladora de la fina interdependencia entre la «molécula individual» y su medio.[17] Heráclito decía que los dioses se encuentran en la cocina, y los químicos estarían de acuerdo, pues en esa palabra oyen «laboratorio». Y Whitehead, por su parte, nos dice que en lo finito hay «infinitud». Volver inteligible, entonces, no es definir, es complicar cualquier definición, aprender a asombrarse de lo que parecía explicable, encontrar más acerca de lo que caracteriza

---

[16] MP, p. 72 (esp., p. 65).

[17] Los cuerpos químicos son considerados inteligibles por la física cuántica, pero solo en el sentido en que la representación de las moléculas, surgida de delicadas negociaciones entre la inteligibilidad cuántica y los datos experimentales, permite comprender sus posibilidades de composición y de descomposición, y no someter a esos eventos en tanto tales a la física. Los químicos no pueden evitar hablar de los cuerpos químicos como «actuantes», hacer de ellos sujetos sintácticos, y no los términos de una función.

una cosa finita, de la manera en que es susceptible de desprenderse, sin extraerse, de un entorno con intricaciones infinitas, de la manera en que implica ese entorno adentro de su propia limitación.

Pero la penetración puede refutar también lo que parecía una analogía convincente. Así, se tuvo que separar al Sol de la idea de un poder ejercido sobre los planetas y aceptar que el Sol no atrae a la Tierra sin que la tierra atraiga, y con la misma fuerza, al Sol, vale decir que solo sus «masas» respectivas hacen la diferencia entre la estrella y el satélite. Asimismo, alguien que ve la explosión de un globo que inflaron demasiado no dice «el aire se escapa», como si ese aire regresara a la libertad que le privó su confinamiento. Whitehead vivió el triunfo, en el siglo XIX, de lo que se llamó desde entonces la mecánica estadística. Él sabía que el comportamiento regular de un gas puede ser comprendido como resultante de una muchedumbre de comportamientos individuales, radicalmente irregulares, erráticos, debido a incesantes colisiones entre moléculas. La misma noción de masa, que permitió la enunciación de las grandes leyes físicas, supone la posibilidad de hacer abstracción de la muchedumbre que constituye un cuerpo masivo. Ha habido crecimiento de la penetración, y el aire ya no se escapa: las moléculas que lo constituyen son indiferentes de la salida que se les ofrece, sus movimientos no están afectados, solo salen si ese movimiento necesariamente errático las lleva a atravesar la abertura, eso es todo.

Es la posibilidad que adopta Whitehead de decir «eso es todo» acerca de tales movimientos para caracterizar los comportamientos que son susceptibles de responder a leyes matemáticas: trátese del comportamiento de un cuerpo cuya masa baste para que sea caracterizado, o de un gas, el hecho de que obedezcan a leyes pone de manifiesto que existen sociedades dominadas por promedios, sociedades-muchedumbre en donde las individualidades están ahogadas, aplanadas, sin consecuencias. La «naturaleza sin vida» no adquiere sentido sino allí donde la ciencia puede prescindir de cualquier propósito individual.

Pero ¿eso es, efectivamente, todo? Cuando el movimiento del aire se vuelve un torbellino, cuando un tornado sigue su camino arrasándolo todo a su paso, ¿no hay algo que pide a los físicos aprender más? ¿No les parece que los movimientos erráticos de las moléculas que componen un tornado se han vuelto coherentes, como si surgiera una nueva «socialidad» que caracteriza a la muchedumbre de moléculas?

Si el acontecimiento de la emergencia de un tornado no se produjera empíricamente, habría sido reputado de imposible. Que se produzca no significa que tenga el poder de refutar la «socialidad de muchedumbre» que lo reputa imposible. Los investigadores serían unánimes en rechazar toda explicación del tornado que implicara que las moléculas, repentinamente, «se sintieran mutuamente», que sus individualidades se pusieran a contar unas para otras. Y no sin razón, pues sería «matar el problema» si se afirmara que el movimiento de una molécula puede, de repente, dejar de ser errático. Pero el tornado demanda que encontremos más acerca de esta socialidad de muchedumbre, que *aprendamos* de la posibilidad de un tornado cómo complicar la noción de muchedumbre. El tornado no será un argumento sino cuando el problema de lo que puede una muchedumbre haya sido planteado de otra manera.

Para el caso, digámoslo brevemente, es la pertinencia de la noción de valor promedio, es decir, del puente establecido por la mecánica estadística entre la «ley» obedecida por el gas y la muchedumbre de moléculas que lo componen, lo que ha sido problematizado. La noción de valor promedio implica que el comportamiento de conjunto resulta de comportamientos indiferentes unos de otros. ¿Pero de qué depende la validez de esta noción en sí misma? Los especialistas explicitan de ahí en más las condiciones de validez del valor promedio hablando de la necesidad de «correlaciones» débiles y de corto alcance entre «microrregiones» que recortan el sistema y sobre las cuales se calcula el promedio. No es por lo tanto el movimiento de las moléculas lo que autoriza al valor promedio, sino la ausencia o el carácter irrelevante de las repercusiones sobre las demás regiones de una desviación local con relación al promedio. El surgimiento de «correlaciones fuertes y de largo alcance» traduce, en cambio, la aparición de una forma de «sensibilidad social», de una sensibilidad que no implica una manera nueva para los agentes de ser afectados unos por otros, sino un comportamiento diferente a los agentes «en muchedumbre». A través de la noción de correlación, o de la de repercusión, la pregunta se vuelva ahora hacia la muchedumbre en tanto tal: ¿lo que ocurre aquí hace una diferencia allá? La analogía de la muchedumbre se ha enriquecido. En lugar de ser una respuesta, se convirtió en problema: ¿qué puede una muchedumbre?

Allí hay otra manera de dramatizar la diferencia entre el mundo inteligible de las leyes y las «cosas finitas» que las ciencias buscan volver inteligibles, de quienes buscan aprender. El tornado tiene el poder de intrigar, pero no recibe una explicación directa de las capacidades *ad hoc* otorgadas a las moléculas. En cambio, lo que adquiere sentido, lo que deviene pertinente, es la noción de «circunstancia». ¿En qué circunstancias una muchedumbre puede volverse «sensible a sí misma»? Supuestamente, el poder explicativo de las leyes no depende de las circunstancias, pero estas sí intervienen cuando hay intriga. Cuando se trata de «aprender de», la atención apropiada se vuelca sobre lo que «hace intrigar».

Cuando se trata de ciencias, los dioses que Heráclito decía en la cocina están efectivamente ahí. La cocina es un lugar en que las leyes no piden obediencia, sino que participan en el arte intrigado de las composiciones por negociar y los sabores por obtener. Los científicos hablan a menudo de «cocina» a propósito de las operaciones gracias a las que pliegan sus representaciones teóricas a las exigencias de pertinencia «empírica». Esas operaciones, que apuntan a volver inteligible aquello con lo que están tratando, implican una transformación doble y correlacionada: la del científico que, en lugar de aplicar su teoría, la interroga, y la de lo que ellos caracterizan que deben obtener la capacidad de participar en la intriga.

Pero el que los científicos hablen de «cocina» traduce además el hecho de que esas transformaciones, que separan a sus formalismos de sus pretensiones de hacer autoridad, no son para nada el asunto de los comensales. La distancia por mantener en relación con un público «que no comprendería» expide al ámbito de la discreción la práctica de los que malean las «leyes» con el fin de aprender la manera de volverlas pertinentes para los «hechos» que no celebran una naturaleza «conocible», pero cuyo trabajo otorga todo el interés de la pregunta: «¿Qué es, aquí, una atención apropiada?».

No he buscado, para tomar el relevo de Whitehead, empequeñecer la grandeza del logro galileo-newtoniano. Prefiero dejarlo en su soledad espléndida y en su fragilidad, pues la coincidencia que realiza entre inteligibilidad y sumisión es relativa a un medio rarificado, máximamente purificado de lo que jamás podría ser completamente eliminado: las «fricciones». He preferido pensar con casos en que la inteligibilidad se gana, cuando la manera que los científicos tienen de comprender entra en tensión: casos que no atribuyen ni causa final ni intención a lo que les intriga, ciertamente, pero que ponen en escena agentes que plantean la pregunta de su caracterización, de aquello de lo que serán definidos como capaces, de aquello a lo que serán definidos como sensibles, de la manera siempre parcial en que actuarán e interactuarán según las circunstancias.

Cuidar las analogías

Cuando una escucha a un investigador hablar de un experimento y los dioses de Heráclito están no en el escenario de la prueba sino en la cocina de los modelos —allí donde no se le exige a la naturaleza que haga posible la ciencia, ni se da la autoridad a las definiciones, sino que se negocia lo que pueden los «agentes» que van a ser puestos en acción— es difícil a veces saber si se trata de una experiencia «real» o de una simulación. Un modelo no tiene autoridad general. La manera en que traduce una situación pone en el mismo plano las condiciones legales, cuando las hay, con las circunstancias particulares y los agentes tal como son hipotéticamente caracterizados.

La naturaleza estudiada hoy por los científicos está poblada de agentes, y los modelos numéricos que simulan comportamientos intrigantes son típicamente multiagentes, cada agente es caracterizado por lo que hace y hace hacer a otros o permite hacer a otros. El agente no es aquí un producto de una ficción libre. Sin embargo —aun si es concebido en términos que no contradicen que su comportamiento pueda ser comprendido como una función de lo que ha sido llamado «leyes de la naturaleza», vale decir, sometido a una regularidad indiferente— la relación con la ley ha cambiado. Las actuaciones del agente ya no manifiestan sumisión, sino que importan desde el punto de vista de sus consecuencias sobre otros agentes. Estas actuaciones, siempre en un medio particular, ponen a la ley en acción, por así decirlo, y esa acción, siempre situada, implica la pregunta por cómo un agente «percibe» y «experimenta» el medio con que tiene que lidiar.[18] En otros términos, los agentes ya no están sometidos, están caracterizados por su parcialidad, y los modelos ponen en acción una comprensión por analogía. Son por lo demás, en el debido caso, medios de discutir sobre lo bien fundado de una analogía: así caracterizados, ¿podrán nuestros agentes volver inteligible el surgimiento del comportamiento de conjunto que intrigue a quienes se supone que participan en el modelo?

Así, el automóvil puede ser presentado como la consumación de un sueño de autonomía individual —ir a donde quiera, si quiero y cuando quiero— y, por lo tanto, no es más que el instrumento de una intención voluntaria. Pero cuando los automovilistas están atascados en un embotellamiento, detenidos o avanzando a paso lento, la voluntad de cada uno, cualquiera que sea, se encuentra frustrada. Esto no tiene nada de intrigante si hay una causa del embotellamiento, como por ejemplo un accidente, pero se pueden producir atascos sin causa externa. Un modelo que podemos llamar «multiagente» mostraría cómo, a partir de un umbral de densidad, se puede producir un régimen de «circulación en acordeón», marcado por transiciones entre una circulación fluida, laminar —en la que los automóviles «se conducen» más o menos independientemente unos de otros, cada cual con su propia velocidad individual— y un régimen que «bloquea», donde las individualidades son aplanadas y los propósitos individuales se vuelven insignificantes. Desde luego, los autos están conducidos por humanos que, con ira o con serenidad, conservan su individualidad, pero la pregunta del modelo es la de la transición entre las situaciones que permiten a algunos andar lo más rápido posible, aunque eso pueda hacer a otros andar más lento, sin que ello tenga consecuencias para el conjunto, y *aquellas* donde las razones por acelerar o ralentizar dejan de contar y lo que prevalece es la dependencia de cada uno con los otros.

---

[18] Véase, en Gilles Deleuze y Félix Guattari (*Qu'est-ce que la philosophie?*, Éditions de Minuit, París, 1991, pp. 122-125), la noción conexa de observador parcial, que padece sin poner en acción.

Los modelos multiagentes permiten plantear el problema del modo de abstracción que conviene para caracterizar el comportamiento de agentes en situación de interdependencia. Cada agente es caracterizado por aquello que, haciendo lo que hace, hace hacer a los demás, no por los propósitos que su acción persigue o no persigue. Por ello, tales modelos son susceptibles de viajar atravesando las fronteras entre fenómenos que llamamos «sociales» y fenómenos «naturales». Podríamos por cierto hablar de una relación perversa con la diferencia que se debe respetar entre agentes conscientes, los humanos, y agentes no dotados de consciencia, prácticamente todos los demás, pero los modelizadores no cultivan ese goce, salvo cuando se trata de choquear al sentido común. Lo que les preocupa es más bien no dotar a sus agentes de capacidades que explicarían, de manera inmediatamente inteligible, lo que se trata de *volver* inteligible.

Es crucial no confundir los agentes puestos en acción por tales modelos con las cosas «realmente reales» (*res verae*) de la metafísica whiteheadiana. Ni las ciencias de la naturaleza ni incluso las de «el espíritu» tienen nunca que «lidiar» con ocasiones actuales. La ocasión actual no tiene el poder de volver inteligible, de hecho no tiene poder sobre nada, es solamente poder de devenir sí misma. En otros términos, aquello acerca de lo cual podremos «encontrar más», lo que se tiene que volver inteligible, concierne aún y siempre a sociedades. Cada sociedad whiteheadiana responde a su manera, a su propio modo, a las solicitaciones de su medio. Cada una determina con parcialidad lo que le importa y cómo, y no sirve a un ideal que la trascendería. El agente de los modelos, el que tiene que lidiar con otros agentes, es social en ese sentido. La manera con que los otros actúan sobre él y con que él actúa sobre otros intenta volver inteligible, caso por caso, la manera en que participa con otros, gracias a otros, en la respuesta que obtendrá el modelizador. Pero su definición no debe servir al ideal de una explicación que haría olvidar la intriga; si así fuera, sería «encontrar menos».

Recordemos, por ejemplo, el cuerpo vivo caracterizado por Whitehead en términos de «centros de expresión». Los investigadores encontrarían menos si caracterizaran esos centros por su rol al servicio del cuerpo. Y tampoco descubrirían un conjunto de procesos regidos por leyes generales, que se encontrarían, como los engranajes de un reloj, agenciados de un modo del cual resultara el funcionamiento de conjunto. Ese es también la preocupación del modelizador cuando concibe a sus agentes: para «encontrar más», debe evitar toda explicación trivial de lo que le intriga. Las analogías a las cuales recurre para caracterizarlos no deben otorgarles demasiado, sino justo lo suficiente.

En otros términos, cuando los científicos protestan: «¡pero eso sería antropomorfismo!», su reacción no es necesariamente fóbica, no traduce necesariamente el influjo de la bifurcación de la naturaleza. Los modelos que vuelven inteligible una situación en cuanto que poblada de agentes dotados de propósitos no son objeto de rechazo; son legitimados por la inteligibilidad que permitieron obtener. En *Face à Gaïa*, Bruno Latour habla de la bifurcación de la naturaleza como necesariamente antropocéntrica, ya que desemboca en «*desanimar* a ciertos protagonistas llamados materiales, privándolos de su actividad y en *sobreanimar* a otros llamados "humanos" al confiarles capacidades de acción admirables».[19] Lo que hace protestar a los científicos y hablar de antropomorfismo es el temor de que esa «sobreanimación», que aceptan para sí mismos sin hacerse preguntas, contamine lo que buscan volver inteligible.

Caracterizar los centros de expresión evocados por Whitehead como animados por el propósito de servir al cuerpo, así como los ciudadanos supuestamente sirven a la polis, relevaría de tal sobreanimación:[20] los agentes se verían atribuyendo potencias de actuar o padecer de las cuales podría directamente deducirse lo que se trata de volver inteligible. No hay más puesta en problemas, y

[19] Bruno Latour, *Face à Gaïa. Huit conférences sur le nouveau régime climatique*, Les Empêcheurs de penser en rond/La Découverte, París, 2015, p. 92.

[20] Y es, de hecho, a lo que se dedica la biología selectivista, pero derivando ese propósito a su verdadera causa, la selección natural, supuestamente la fuente única de toda inteligibilidad. Véase al respecto Pierre Sonigo, el capítulo «Cellules en liberté» (*Ni Dieu ni gène*, Seuil, París, 2000) que propone pensar el cuerpo como un bosque, y que permite reírse de la idea de que todos los individuos que participan de un bosque son inteligibles gracias la manera de servir a ese bosque, a la vez que oír atentamente a los guardabosques cuando dicen «este bosque está enfermo» y saber con alegría que los árboles dependen vitalmente de una muchedumbre de otros seres vivos, muy lejos de ser indiferentes unos a otros. La analogía del cuerpo como bosque nos impide despachar a la selección darwiniana a las catacumbas del olvido, pero exige que no la convirtamos en la fórmula mágica que resuelve todos los problemas.

entonces no hay más intriga, porque la respuesta ya hecha, preparada, mata la pregunta. Demasiadas seudociencias funcionan así, como la economía «racional» que presta a los agentes que ella llama «sujetos económicos» una información perfecta, una potencia de cálculo ilimitada, una memoria nula y un propósito ciegamente egoísta, vale decir, rasgos que permiten enrolarlos al servicio de este *prêt-à-porter* abstracto que ha sido bautizado «el mercado».

En *Face à Gaïa*, Bruno Latour habla, a propósito de la animación por atribuir a los agentes, de «transacciones» que intervienen en zonas metamórficas, adonde se renegocian tanto las competencias prestadas a los agentes como el modo de atención apropiado de los investigadores.[21] Tales transacciones, en términos de las cuales las analogías llamadas antropomórficas dejan de ser un pecado y se vuelven un riesgo, corresponden a la tarea de las ciencias liberadas de la metodología heredada de Newton, Hume y Kant, la cual, para Whitehead, los condenaba a la superficialidad. No por eso el científico se vuelve un explorador de las profundidades, sino más bien un ensayista, como el sastre que ensaya con la tela y el drapeado que le convendrán mejor al cuerpo que debe vestir y que encuentra más en ese cuerpo gracias a esos ensayos. Al entrar en la cocina, al cultivar una apreciación de las transacciones, de la manera en que se gana la inteligibilidad, se vuelve posible dirigirse a los científicos con diplomacia y honrar su capacidad (eventual) de dejarse intrigar.

Cuando el sastre tiene que lidiar con aquello de lo que son capaces los seres vivos, deja de ser el único en plantear el problema. Los propósitos sobreabundan, las transacciones se vuelven difíciles de gestionar. Whitehead había opuesto el golpe de puño del hombre iracundo, cuyo propósito era derribar a su prójimo, y las leyes indiferentes que gobiernan la caída de una piedra. Pues bien, cuando lo que llamamos ira está en juego, las analogías se multiplican. Una está desbordada por la ira así como las orillas por el río, la ira estalla, como consecuencia de una reacción en cadena —pequeñas palabritas,

---

[21] Para qué decir que «competencia», aquí, no tiene nada que ver con la pobre abstracción del mismo nombre, supuestamente definible con independencia de la situación y verificable en general bajo el modo de «ser capaz de...». Véase Marcelle Stroobants, «Transduction. L'apprentissage comme métamorphose», en Didier Debaise e Isabelle Stengers (dirs.), *Gestes spéculatifs*, Presses du réel, Dijon, 2015.

pequeños picoteos, el enervamiento sube hasta la deflagración—. Pero tales analogías demandan una discusión crítica. Así, cuando los ingenieros buscan canalizar un río, pueden por cierto decir que el río se «aprovechará» de la menor falla, de la menor negligencia, para frustrar sus planes. Sin embargo, trátese de un río o de una explosión química o nuclear, la manera en que ellos tratarán esas «potencias de actuar», como las llama Bruno Latour, implican su carácter implacable, en el sentido de indiferente a lo que no importa. Frente a la subida de las aguas, orar puede ayudar, pero el que ora no rechazará recibir los sacos de arena que podrían proteger su casa del agua. En cambio, el golpe del hombre iracundo o el salto del tigre que, en el sentido propio, se aprovecha de la inatención de su domador, sí traducen un propósito acerca de las consecuencias. Tentar domar un río encerrándolo entre diques de cemento o tentar domar un tigre no son el mismo oficio, y la atención propia al «encontrar más» no será la misma para el ingeniero y para el domador: el segundo sabe que el tigre *también* está atento y que espera su momento.

¿Y qué ocurre cuando un científico consagra la atención que considera apropiada hacia los vivientes que —como el árbol o la ostra del comienzo de este ensayo— parecían a Whitehead tener el propósito casi exclusivo de sobrevivir, indiferentes a las consecuencias que eso tiene para otros? ¿O la atención hacia los microorganismos que Pasteur aprendió a cultivar en su laboratorio? ¿Y qué decir de los amarantos que se volvieron capaces de resistir al herbicida Roundup y ahora son la pesadilla de los agricultores en los campos de soja genéticamente modificados, allí donde se multiplican? Se dirá evidentemente que los amarantos no «tienen el propósito» de devenir supermalezas, que ignoran el propósito humano que están frustrando, aunque en efecto «se aprovechen» de la presión selectiva que constituye el uso masivo del Roundup para también ellas innovar. La imprudencia del monocultivo industrial reclama otras palabras que las que emplearíamos para el ingeniero o el domador respectivamente.

Cuando los biólogos tratan con seres a los que no pueden rechazar que tengan un propósito, muchas veces pierden la inteligencia que demanda el cuidado de las analogías. La noción de intriga ya no basta, pues el contraste entre «normal» y «destacable» no entra en juego en el caso de los vivientes. Los vivientes *son* destacables, y de lo

que se trata entonces a menudo es de mostrar que lo son «menos» y
que una explicación general del orden del *prêt-à-porter* para el caso la
selección natural, que juega sobre la transmisión genética, podría
—o debe poder— normalizar.[22] Usualmente, el amaranto resistente
no será de hecho entendido como el sujeto de la acción, sino como el
lugar de un acontecimiento genético «accidental» que los científicos de Monsanto, y otros expertos bajo sus órdenes, habían pretendi-
do «imposible», o mejor dicho demasiado improbable para ser tenido en consideración. La proliferación de plantas resistentes es para
ellos un «accidente» que dirán imprevisible y al cual la intensa selección que constituye usar Roundup daría un sentido.

Sin embargo, no se puede decir que la posibilidad de modificacio-
nes, que diremos, para ocupar una palabra de Deleuze y Guattari,
«popularizables»[23] no tiene nada de accidental, sino que está impli-
cada activamente en la tarea de sobrevivencia de poblaciones vivientes (y, en particular, de aquellas en que la tasa de multiplicación potencial es elevada —el amaranto no llega a rivalizar con las bacterias,
pero cada planta produce unas doce mil semillas por año—). La posibilidad de que un amaranto se vuelva tolerante al Roundup corresponde así a una «adaptación» de la cual una población se mostró capaz una vez que el medio se volvió letal. La ciencia *made in* Monsanto
descuidó aquello de lo que el propósito de sobrevivir volvió capaz al
pueblo de los amarantos, como asimismo el uso desbocado de anti-
bióticos descuidó la intrigante capacidad de los pueblos de bacterias
para «resistir» a sus venenos.

«¡Solo tienes que adaptarte!». Hay una violencia en este mandato
al hacer del medio algo a lo que hay que conformarse. Pero la violencia viene sobre todo del desprecio por lo que demanda el adaptarse.
Cuando el río escapa a los diques con los cuales su curso debe conformarse, nadie pensaría en decir que no logró adaptarse; un río no se
adapta, hace, en toda circunstancia, lo que puede hacer. En cambio, la
indignada sorpresa de los científicos y expertos de Monsanto, «¡lograron adaptarse!», traduce el alto hecho que constituye para Whitehead el sello de las sociedades vivas. No adaptarse a un medio en el

---

[22] Véase, acerca de este contraste, el notable libro de Evelyn Fox Keller, *Expliquer la vie*, Gallimard, París, 2004.

[23] Gilles Deleuze y Félix Guattari, *Mille Plateaux*, Minuit, París, 1980, p. 69.

que el uso masivo de Roundup se volvió sistemático es, para los amarantos, sinónimo de erradicación, y de hecho es aquello a lo que apunta el uso del herbicida. La variante resistente se aprovechó del medio devastado por la intervención humana para proliferar. Y pudo hacerlo porque consiguió frustrar el propósito erradicador y responder de una manera nueva, *original*, a lo que debería haberle resultado tóxico.

La posibilidad de una respuesta original a lo que se va dando es, para Whitehead, lo que hace la diferencia entre las sociedades «no vivas» y aquellas «vivas», que requieren, ya lo veremos, de una referencia irreductible a la *res verae*. Las sociedades no vivas se prestan para una caracterización analógica, bajo el modo del «como si», y a explicaciones que reducen el «hecho individual» a una simple resultante, abstrayendo los hechos de su pertinencia en relación con posibles no realizados. En cambio, donde hay vida, lo posible no remite a las solas especulaciones, a los solos cálculos humanos. Lo que le reprochamos a las llamadas «malas hierbas» es su capacidad para transformar las devastaciones suscitadas por las intervenciones humanas en oportunidades.

Con los vivientes, entonces, la importancia de lo posible es afirmada. Cargar la responsabilidad de la adaptabilidad sobre variaciones arbitrarias seleccionadas es eliminar el «hecho real» que requiere a agentes capaces de dejarse tocar, a riesgo y peligro, por uno u otro aspecto hasta entonces indiferente de su medioambiente y de atribuirles un nuevo rol. Y a costa incluso de volver no pertinentes los cálculos que suponen una evolución explicable por un conjunto cerrado de aspectos del medio, cada uno cumpliendo un rol bien determinado.

Stuart Kauffman, un teórico de los sistemas complejos, subrayó que existe allí un contraste genérico entre la evolución de los vivientes y la de los sistemas que se conforman a lo que Whitehead llamaba una regla de sucesión, la cual implica que la evolución es conservativa en efecto, en el sentido en que se conserva la definición de lo que esa regla retiene en tanto pertinente. Es en esta medida que un modelo autoriza la previsión, ya sea probabilista o determinista. En contraste, un modelo pertinente en biología evolucionista no puede ser conservativo. Lo que la evolución de los vivientes impone pensar es una dinámica «expansiva», en donde la cantidad de aspectos pertinentes no está dada, sino que es eventualmente creciente, donde las maneras que tiene un viviente de hacer importar su medio son susceptibles de multiplicarse y entrelazarse.[24] En otros términos, su modelo demanda al modelizador que se interese no solamente a lo dado, a las solas relaciones actuales entre los agentes, sino a lo que lo dado puede volver posible, a lo que puede «ocasionar», a las oportunidades que puede ofrecer a los agentes.

Así, Kauffman afirma que las historias de vivientes exigen concebir un mundo en el cual la diferencia entre actual y posible, entre lo que es y lo que podría ser, es un reto para quienes, los vivientes, esa diferencia concierne, y en el cual el devenir pertinente, la emergencia de nuevas maneras de contar los unos con y para los otros, son «originales», es decir, tienen en su origen a los agentes para quienes ellos importan.

> «Si tengo razón, si la biósfera continúa pase lo que pase, si se las arregla, exapta,[25] crea, destruye las maneras que tienen los vivientes de ganarse la vida (*make a living*), existe entonces la necesidad crucial de narrar historias. Si no podemos precisar anticipadamente todas las categorías que podrían ser pertinentes, ¿cómo caracterizar la emergencia —en la biósfera y en nuestra historia, que es un fragmento de la biósfera— de nuevas categorías pertinentes, nuevas funciones, nuevas maneras de ganarse la vida, sino en términos de actuaciones autónomas?».[26]

Entre el asunto de sobrevivir al que se dedican la ostra o el amaranto y el de los humanos, cuyo asunto es vivir «para una experiencia diversificada que tenga valor», hay ciertamente una diferencia, pero la proposición genérica de Kauffman —«ganarse la vida»— vale en los dos casos. *Make a living*, escribe él, lo traduje por ganarse la vida; hasta la experiencia de una idea o de un posible debe ganarse la

---

[24] Stuart A. Kauffman, *Investigations*, Oxford University Press, Oxford, 2000.

[25] «Exaptación» es un término creado por Stephen J. Gould para, en contraste con la adaptación, designar los casos en los que un rasgo adquiere una significación o endosa un rol que no tenía anteriormente –la presión selectiva solo interviene después–. La genealogía de lo que hoy es «ala» para las aves, o la de la leche para los mamíferos, son algunos ejemplos clásicos.

[26] Stuart A. Kauffman, *Investigations*, Oxford University Press, Oxford, 2000, pp. 134-135.

vida, debe durar un poco más que el huidizo instante. Y este imperativo de ganarse la vida se junta con la diferencia hecha por Whitehead entre las sociedades vivas y no vivas. El tornado no es autosuficiente, debe ser alimentado por su medio, pero pertenece al orden de los hechos, no de los logros. En cambio, no es el medio el que alimenta a un viviente, sino que es el viviente quien «valoriza» al medio y sustrae de él lo que necesita para mantenerse en vida. «La vida es robo»,[27] escribió Whitehead, ganarse la vida para una sociedad viva significa destruir otras, y eso vale también, sin duda y sobre todo, para esas sociedades vivas que necesitan una experiencia diversificada que tenga valor, a riesgo de que eso los pueda llevar a atribuirse la experiencia misma del valor, a vivirse como fuentes de toda valorización.

¿Hay robo cuando un río, «valorizado» por las paredes de cemento que lo encierran, queda privado de sus orillas? Sin duda es una mala pregunta, porque, abstracta, está destinada a transformar en oposición la distinción entre viviente y no viviente, a subrayar la indiferencia del río hacia los diques que pretenden domarlo. Pero esta indiferencia hace abstracción de que el río no es solamente un flujo de agua, en el sentido hidrodinámico del término, es también el medio para una multitud de vivientes y de humanos que, como los albañiles, lo valorizan, cada uno a su manera: para el caso de los humanos, como lugar de pesca, vehículo, basurero, lugar de memoria, de encuentros, de perjuicios, etc. «El río», en cuanto que entrelaza una multiplicidad de modos de valorización, está lejos de ser indiferente al «robo» que lo reduce a un flujo de agua domable. «No todo está vivo, pero hay vida en todos lados», escribía Leibniz.

Sea como sea, Whitehead, por su parte, anuncia que el «ladrón demanda ser justificado».[28] No se trata, en su pluma, de una fábula que celebre una coadaptación armónica, una forma de equilibrio en que el robo está justificado por el bien que lo condiciona. Lo que justifica al ladrón no es otra cosa que el contraste genérico subrayado por Kauffman y que Whitehead nombró «originalidad», la emergencia, para lo mejor o lo peor, de maneras siempre más parciales y diversificadas de valorizar, de hacer contar, de hacer relación. El acto

---

[27] PR, p. 191 (esp., p. 150).
[28] *Ibidem*, p. 191 (esp., p. 150).

de valorización unilateral del río en tanto flujo indiferente, o la posición tomada de erradicación de «malas hierbas» que pone en acción
el Roundup de Monsanto, son a su vez, desde este punto de vista,
manifestaciones de originalidad, siendo su particularidad común el
que se definan como justificados y que clamen su inocencia cuando
las cosas vuelcan a mal. «Esto no es lo que quisimos» es el refrán de
los que definen sus intenciones como justificaciones.

No lo repetiremos nunca lo suficiente: quien dice «propósito» no
está diciendo intencionalidad. La intención es una de esas historias
que los humanos son susceptibles de contarse a sí mismos, y son a
menudo historias pobres en relación con aquellas que, según
Kauffman y otros, necesitamos aprender a narrar. Sin embargo, ya
sean pobres o notables, ninguna de estas historias será «inocente»,
no podrán revindicar la absolución. Que la vida sea un robo implica
más bien lo que Donna Haraway llama «respons-habilidad», capacidad de responder para y responderle a, es decir, dejarse interrogar por
aquello que nuestras intenciones justifican que se haga el sacrificio.

Así, ni siquiera la justificación de los científicos, encontrar más,
volver pertinentes las maneras originales de comprender, debería poder absolverlos, y no solo se trata de los medios que deben movilizar y
de las maneras en que su saber será movilizado. Cuando tienen que
tratar con vivientes —fuera, obviamente, de la cuestión de la experimentación animal— la ambición de «encontrar más» no es inocente.
Por cierto, aprender de un animal aquello de lo que es capaz en tanto
muestra representativa de su especie, no es en sí mismo criticable. No
se trata en absoluto de decir que es «culpable». Pero hay que velar
por que esta ambición no excluya la legitimidad de otras preguntas.
Las preguntas planteadas para «encontrar más» deben dejar espacio
para otras preguntas, que comprometan de otra manera al que las
plantee. Allí donde prevalecía la separación entre la científica y «la naturaleza», esas preguntas versan principalmente sobre la posibilidad
de que un «nosotros» venga a la existencia. «¿De qué, juntos *este*
animal y yo, podríamos devenir capaces?».[29]

---

[29] O bien: «¿Cómo, aquí y ahora, podemos aprender a cohabitar con esos otros que
nos molestan, pero acerca de quienes sabemos que también, a su propio modo, son
capaces de ponerle atención a lo que hacemos?».

Los vivientes y la vida

Los biólogos encontrarán sin duda «más» acerca de la manera en que los amarantos se volvieron capaces de resistir al Roundup. En cualquier caso, la biología contemporánea se encuentra en plena reconfiguración. Incluso las bacterias dejaron de ser lo que supuestamente eran; nuestras analogías respecto de ellas se inspiraban de lo que hoy se muestra como un caso particular: su capacidad para multiplicarse el medio abiótico que les ofrece la caja de Petri. Los biólogos saben que al hacer eso no prestaban una atención apropiada a lo que constituye, en los hechos, a la gran mayoría de las bacterias: que no pueden aislarse de los colectivos interdependientes que requieren para mantenerse en la existencia. Al parecer, la historia de los vivientes ya no tiene al motivo selectivista de los linajes individuales en competencia por la sobrevivencia como motivo central. El motivo, ahora y en todas las escalas, es el de la generación de colectivos vivientes entrelazados e interdependientes, en los que cada uno se gana la vida a su manera, pero siempre gracias a otros. Si, como escribía Whitehead, la vida es robo, la originalidad que justifica ese robo podría ser menos el hecho de las sociedades individuales que la de los modos de composición entre sociedades que se requieren unas a otras para su propio mantenimiento.

«Nunca hemos sido individuos», escriben Scott Gilbert y sus colegas, con el aplomo de los biólogos que saben hasta qué punto su ciencia ha sido encorsetada por la red de analogías entre linajes individuales que estudian y los individuos emprendedores de la economía llamada de mercado.[30] Se está produciendo un florecimiento nuevo de analogías que amplía la imaginación de los especialistas. Hay «hechos» conocidos siendo caracterizados de otra manera. Así, como se sabe hace tiempo, algunas termitas crían hongos que «digieren» para ellas la celulosa y la lignina, pero cuando no predomina la imagen de superioridad del cultivador móvil en relación con

---

[30] Scott F. Gilbert, Jan Sapp y Alfred I. Tauber, «A Symbiotic View of Life: We Have Never Been Individuals», *The Quaterly Review of Biology*, vol. 87, 2012, pp. 325-341. El artículo era un manifiesto, y desde entonces los libros dirigidos a un público aficionado se han multiplicado a toda velocidad.

su terreno y la relación es descrita de forma más completa, también se puede decir que los hongos cultivan termitas. A toda escala, desde la célula hasta la aventura del desarrollo embriológico y la multiplicidad de ecosistemas, los hechos han llevado a ciertos biólogos contemporáneos a asociar a los vivientes ya no a un modo de composición centrado en el organismo, en la distinción entre individuo y medioambiente, sino a un modo de composición multiespecífica: «La naturaleza podría seleccionar "vínculos" en vez de individuos o genomas. Lo que tenemos el hábito de considerar como un "individuo" podría ser un grupo multiespecífico sometido a la selección».[31]

Pero estas analogías no conciernen solamente a lo que Whitehead llamaba «naturaleza», también pueden irrigar el sentido común, desligarlo del individualismo del «yo y mi opinión» que lo ha envenenado, abrirlo a lo que puede significar «hacer sentido en común», juntos, unos con otros, gracias a otros, al riesgo de otros.

Para negociar esta transición entre prácticas que implican tipos de atención diferentes, me dirigiré a un ejemplo interespecífico que desnormaliza lo que tendemos a considerar desafortunadamente entre humanos como dado por sentado: si explicamos bien, el otro debe comprender.

Cuando Donna Haraway relata la manera en que entrenó a su perra Cayenne en un deporte de agilidad que practican juntas, sabe que suscitará la indignación de muchas de sus lectoras y lectores que verán allí un abuso de poder característico de una humana sobre una perra. Este deporte pone en juego la capacidad de la perra, a lo largo de un recorrido, de responder a señales que le indican qué camino se requiere en ese recorrido particular, un recorrido a lo largo del cual ella deberá ejecutar una serie de *performances* que la ponen a prueba, ya que ninguna de las dos tiene un sentido del punto de vista de sus dinámicas habituales.

Sin embargo, lo que Haraway relata no es una historia de abuso, incluso si hay poder en juego, un poco como cuando un profesor de matemáticas debe transmitir un procedimiento a un alumno que lo ve como una manera de hacer perfectamente arbitraria. Cayenne y

---

[31] Véase Scott F. Gilbert *et al.*, «Symbiosis as a Source of Selectable Epigenetic Variation: Taking the Heat for the Big Guy», *Philosophical Transactions of the Royal Society B*, vol. 365, 2010, pp. 671-678, cit. p. 673.

ella estuvieron a punto de volverse locas, escribe Haraway, de deses-
perar y perder la confianza de la una en la otra, mientras la humana
no comprendió que ese deporte también le imponía disciplinarse a sí
misma, es decir, de «desaprender» toda carga de connivencia y de
significaciones compartidas con que cargan tanto sus relaciones in-
terhumanas como sus relaciones cotidianas con Cayenne. Este deporte de agilidad convertía en trampas todos los entendimientos
«intuitivos» que tejen una vida cotidiana tramada por actitudes y
anticipaciones cruzadas. Exigía de ella dejar de poder contar con una
capacidad de Cayenne de «comprender» adónde ella quería llegar.
Requería obligarse a evitar cualquier generalización que «para nosotros» se daba por sentada —si ella «sabe» esto, debería poder hacer
esto…—. «Efectivamente me puse a enseñarle lo que significaba
"suelta" en lugar de imaginarme que Cayenne hablaba inglés».[32]

Es difícil, cuando es un ejercicio aproximativo, rechazarle toda
aprobación a la perra, no animarla, como lo haríamos con un niño,
quien necesita que lo hagamos. Pero Haraway insiste: Cayenne *no es*
precisamente una niña peluda. Es adulta y diferente.

> «En este juego aprendo cosas básicas acerca de la honestidad, cosas que
> habría debido aprender cuando era niña (o antes de obtener un puesto
> en la universidad), pero que nunca aprendí, cosas como las verdaderas
> consecuencias de hacer trampa con los fundamentos. (...) Entretanto,
> mi desmesurado amor por Cayenne exigió que mi cuerpo se construye-
> ra un corazón más grande, con más profundidades y matices para la ter-
> nura. Quizás fue eso lo que me hizo necesitar ser honesta; quizás ese
> tipo de amor haga que una tenga que ver lo que ocurre realmente por-
> que ser el amado lo merece».[33]

La *performance*, y aquello que exige de Cayenne, hizo aparecer la
economía clandestina de la comunicación que prevalece en la vida cotidiana al imponer una situación en que esa economía no funciona.

---

[32] Donna Haraway, *When Species Meet*, capítulo «Training in the Contact Zone»,
University of Minnesota Press, Minneapolis, 2008, p. 227. Véase también Donna
Haraway, *Le Manifeste des espèces compagnes*, Flammarion, París, 2019.
[33] Donna Haraway, *When Species Meet*, University of Minnesota Press, Minneapolis,
2008, pp. 214-215.

Cayenne recibió el poder de imponerse como «otra», una otra que «merece» la no-indulgencia, pues hubo que dirigirse a ella del modo que la volviera capaz de devenir la compañera pertinente exigida por el juego, es decir, de tomar parte en el juego, de captar cuál es su propósito y por su propia cuenta hacer que importe.

La creación de ese «hacer sentido en común» del juego pasó por una doble transformación: Haraway atestigua de la transformación que la volvió capaz de amar con honestidad, pero también de aquella, empíricamente constatable, que llama «transferencia de autoridad». Cuando Cayenne supo de repente lo que iba a hacer, cuando ella estuvo en el puesto del piloto, fue Haraway quien debió aprender a tener confianza: ya no había que guiarla, sino desde entonces solamente darle señales anticipadas. Y fue Cayenne quien le hizo saber, pues la transferencia de autoridad significa que Cayenne tendría desde ese momento los medios de ponerla en el lugar donde sigue estando: «Cayenne me vio llegar, acortó flexible y sinuoso su paso y me esquivó, casi como diciendo "¡apártate de mi camino!"».[34]

Es posible que esta doble transformación sea lo que provea su sentido al arte del entrenamiento, entendido como instauración de una relación de compañerismo, cuyo logro es vivido como tal por compañeras que, cada una, se volvieron capaces de aquello que demandaba la otra. El entrenamiento, contrariamente al entrelazamiento de las relaciones cotidianas, dramatiza este punto: antes de que la humana comprendiera aquello a lo que la obligaba el tipo de compañerismo requerido por este deporte de agilidad, estuvieron a punto de volverse locas la una a la otra, y compartieron desde ese momento la exultación suscitada por aquello que generaron juntas como posibilidad: una «buena» carrera, una carrera en la que cada una en su modo sintió la conexión con la otra.

Haraway no aprendió la atención apropiada que le hubiera permitido «encontrar más» acerca de Cayenne. Aprendieron juntas, una con la otra, por medio de la otra, al riesgo de la otra. Lo que aprendieron las volvió capaces de metamorfosearse, por el tiempo de una carrera, en compañeras dentro de una composición que Haraway,

---

[34] *Ibidem*, p. 224. / «Cayenne me vit arriver, elle raccourcit légèrement sa courbe et m'esquiva. C'est à peine si elle ne criait pas "laisse-moi faire!"».

al reintegrar el mundo de las analogías humanas, ha caracterizado como una «coreografía ontológica». En otros términos, lo que está dramatizado nos hace desprendernos el conjunto de prácticas que se dirigían a la «naturaleza», y por nada del mundo debido a que esa relación iba a trascender a la naturaleza, sino porque tiene otro propósito que «encontrar más».

Tenemos la muy mala costumbre de considerar que «dejar de hacer ciencia» es entregarse a una forma de goce místico. Y sin embargo, la experiencia de la carrera, tal como Haraway la atestigua, no tiene nada que ver con el sentimiento llamado «oceánico» de hacerse uno con el mundo. Haraway evoca ciertamente la experiencia de un tiempo suspendido, o de un presente dilatado, indescomponible, y no «preocupado» por proyectos que provienen del pasado y anticipaciones volcadas hacia el futuro. Pero esta experiencia podría ser bastante compartida por los deportistas de alto nivel cuando se trata, según el léxico vigente, de «darlo todo». Ella es ajena a cualquier referencia a alcanzar una verdad «más allá de las apariencias» y positivamente relativa a una prueba artificial cuyo logro responde a criterios abiertamente convencionales. En ese sentido, explicita de manera notable la diferencia whiteheadiana entre propósito y meta. La meta, asociada a la prueba, forma parte del dispositivo, pero no es lo que «anima» la carrera que viven juntas Haraway y Cayenne. Lo que la anima, aquello a lo que apunta la carrera, es al goce mismo del compañerismo que supone y suscita esa carrera.[35]

Con esta caracterización, vengo de hacer uso de términos que pertenecen a la metafísica de Whitehead, no a su ontología, no a las sociedades en tanto que se mantienen en la existencia, que se «ganan la vida». La manera en que cada una de las compañeras se «gana su vida» en tanto perteneciente a dos especies diferentes —pastora australiana fruto de una larga selección y profesora universitaria, también seleccionada por su excelencia—, forma parte, subraya Haraway, de historias entrelazadas que han transformado a la «Gran Tortuga» habitada por los pueblos nativos en los «Estados Unidos de América». Su deporte de agilidad también pertenece a esa historia. Pero, asimismo, es la *ocasión* del surgimiento de una experiencia

[35] MP, p. 171 (esp., p. 174).

que, para Haraway, no se explica por esas historias, aunque esas historias la sitúen: la alegría. La alegría no es materia de explicación. Se degusta, infecta su entorno, es incluso adictiva, pero no es «social» en el sentido, whiteheadiano, de carácter que se mantiene dentro de las aventuras de una sociedad.

Y es precisamente esa la distinción que Whitehead proponía en *Proceso y realidad* entre las «sociedades vivas» y la «vida». Si el ladrón, que se gana la vida a expensas de otras sociedades, demanda una justificación, esa justificación no puede ser su creciente capacidad de «robar», aunque tampoco esté lejos. El linaje de los pastores australianos se ha ganado literalmente la vida gracias a la capacidad, intensificada por la selección, de responder con pertinencia y pasión a las señales que le da el pastor humano. Pero «lograr ganarse la vida» no es la justificación genérica de las sociedades vivas, es lo que las condiciona.

Ya lo vimos, una sociedad, que esté viva o no, no es nada más que la proposición de un «medio de pertenencia» dirigido a una nueva ocasión actual de devenir, la proposición de determinarse en un modo que prolonga esa pertenencia. Esas ocasiones están así situadas socialmente, pero, recordemos, esta situación no constituye una presión a la que conformarse. Ello no impide que toda sociedad traduzca, en cuanto tal, la reiteración del pasado, la continuación de un linaje o de una tradición, escribe Whitehead.[36] En cambio, lo que justifica que un viviente, contrariamente a por ejemplo un cristal, deba ganar su vida, es aquello que las sociedades vivas han hecho posible. Whitehead escribe que las sociedades vivas abrigan «intersticios» o «espacios (socialmente) vacíos», es decir, coyunturas críticas en que la manera de componer con lo que se propone socialmente puede ser «materia de opción». En otros términos, en su caso, la tradición no se mantiene sin abrirle espacios a la originalidad, y hasta a la herejía. Una sociedad viva da su oportunidad a maneras de heredar no conformes socialmente, lo que significa que ella misma es susceptible de integrar esa no-conformidad, de socializarla, es decir, de metamorfosearse. La justificación de las sociedades vivas, concluye

---

[36] PR, p. 190 (esp., p. 150).

Whitehead, es la originalidad de la que son capaces porque la vida está agazapada en sus intersticios.[37]

Aquí, la ontología se abre sobre la metafísica. Lo que Whitehead llama «la vida» no es una potencia creadora, sino más bien lo que la constriñe a poner al centro de su metafísica el concepto de ocasión actual y a privar a las sociedades de lo que caracterizaría a los organismos: la obstinación intrínseca de conferir a su mantenimiento un valor propio. Las sociedades, por definición, importan y hacen importar, pero cuando tienen que ganarse la vida, como corresponde hacerlo a una sociedad viva, su justificación es no condenar a la insignificancia el carácter *causa sui* de las ocasiones actuales, es decir, su manera propia de determinar cómo serán causadas por aquello que las causa. Lo que se agazapa en los intersticios de las sociedades vivas es aquello que la metafísica whiteheadiana permitió a Whitehead pensar: todo lo que se decide pudo haberse decidido de otra manera.

Aquí, la metafísica whiteheadiana comunica entonces no con la dramatización de una experiencia a tal punto familiar que no nos asombra —como el tener un cuerpo— sino con aquella que él llama un «hecho individual concreto»: la experiencia de un hecho que no atestigua por razones más generales que él. Un hecho así demanda otras analogías que aquellas que llaman los agentes sociales caracterizados por las ciencias —y, por ejemplo, el hecho que atestigua Haraway al hacer de su experiencia con Cayenne una experiencia graciosa en que lo vivo no se gana la vida, sino que manifiesta la vida— *sheer disclosure*.[38]

Jamás observamos la vida «en hechos» o «con las manos en la masa». Siempre es eso que está agazapado; cuando se manifiesta es al modo de un momento que se deja narrar, pero es reacio a la explicación. Por eso Whitehead no es vitalista en el sentido del vitalismo que opone el orden finalizado propio de lo viviente y el orden de las causas físicas ciegas. El concepto whiteheadiano de vida no propone ningún modelo de orden. Por el contrario, remite a una operación de problematización de nuestros modos de explicación usuales. «No es más que un caso de adaptación», se dice como si se hubiera «explicado»

---

[37] *Ibidem*, p. 191 (esp., p. 151).

[38] «Play Is Not Making A Living, It Discloses Living», Donna Haraway, *When Species Meet*, University of Minnesota Press, Minneapolis, 2008, p. 240.

lo que parece nuevo. Es a lo que Whitehead responde que una sociedad que «se adapta» es precisamente lo que plantea el problema de la originalidad.

Distinguir entre «aprender de» y «aprender con» no debe por ningún motivo entenderse como la sempiterna oposición entre saber objetivo y experiencia subjetiva. Tampoco hay que verlo como una proposición que tome con otros medios el relevo de lo que Whitehead reclamaba: una fusión entre la «naturaleza sin vida», que sería el lote de la ciencia, y la «naturaleza viva», a la que le prestaba caracteres directamente sacados de la metafísica de las ocasiones actuales. Con el fin de resistir a esta puesta en comunicación directa, he tomado la vía abierta por él tiempo atrás y vinculado el término «naturaleza» con aquello acerca de lo que podemos encontrar más. Pese a ello, el texto de Haraway sobre su aventura con Cayenne está irrigado de préstamos de una biología que no cesa de encontrar más en un modo desde entonces nuevo, que ha abandonado la investigación de los modos de explicación *prêt-à-porter* para caracterizar un entrelazamiento de intrigas por seguir y aprender a narrar. El problema ha cambiado: ya no se trata para estos biólogos de poner en escena a agentes capaces de explicar lo que es observado, sino de volverse dignos de lo que observan, dignos de lo que encuentran.

> «El punto es que las zonas de contacto se encuentran donde está la acción, y las interacciones en curso cambian las interacciones por venir. Las probabilidades se alteran, las topologías se transforman, el desarrollo es canalizado por lo que ha generado la inducción recíproca. Las zonas de contacto modifican al sujeto —todos los sujetos— de maneras sorprendentes».[39]

Una noción como la de zona de contacto pone en comunicación, no en fusión, registros dispares desde la doble transformación de Cayenne y de Haraway —cuando devinieron capaces de hacer sentido en común— hasta el contacto entre células embrionarias ya diferenciadas, que generan nuevos tipos de células, pasando por encuentros entre colonizadores y pueblos nativos (lo que basta para

---

[39] *Ibidem*, p. 219.

hacer notar que no siempre la alegría acude al encuentro). La zona de contacto crea relaciones de analogía cuya pertinencia no lleva a negar lo que omiten: relaciones que avivan la atención, pero no la determinan. El texto de Haraway «Training in Contact Zones» anuncia un medio cultural no territorializado, poblado de relatos, y una socialidad de la pertinencia exigente, es decir, siempre situada.

Lo mismo ocurre con las relaciones de simbiosis que, por su parte, ponen el acento no en sociedades dentro de su medio, sino en sociedades que se vuelven mutuamente capaces de algo que no podrían hacer por sí mismas, se ganan la vida las unas con las otras y por las otras. Carla Hustak y Natasha Myers[40] retoman el conocido caso de la alianza entre avispa y orquídea que Gilles Deleuze y Félix Guattari convirtieron en ejemplo de «nupcias contra natura», o de «involución», por contraste con las lógicas de filiación que dominan en el pensamiento de la evolución.[41] La avispa así como la orquídea evaden esta lógica al entrar la una y la otra en relaciones de seudocopulación. Pero este ejemplo ha sido asimismo el objeto de explicaciones selectivas: la avispa macho sería «engañada» por la orquídea que imita los órganos genitales de la avispa hembra. La orquídea tendería una trampa a la avispa para servir a su propia reproducción, al comprometerlo con una relación estéril para él. Pero, objetan Hustak y Myers, ¿por qué su relación con la orquídea, que desde luego es no reproductiva, no podría ser atractiva, gozosa, en tanto tal para la avispa? ¿Por qué la involución tendría que dejar intacta la definición filial de la copulación? Y el mismo Darwin, cuando manipulaba orquídeas, ¿no testimoniaba de un goce un poco ajeno a la paciente austeridad que reivindica el científico?

Los científicos, a quienes la proposición de fusión habría crispado y vuelto vulnerables a la astucia del mal, no podrían negar que, si de lo que se trata es de «encontrar más», su meta no excluye momentos de compañerismo. Esos momentos son «gratuitos», en el sentido en que no harán que aquello que proponen gane una capacidad mejor de resistir a las objeciones, pero subvierten la separación entre aquel

---

[40] Carla Hustak y Natasha Myers, «Involutionary Momentum: Affective Ecology and the Sciences of Plant/Insect Encounter», *Differences*, vol. 23, 2012, pp. 74-118.

[41] Gilles Deleuze y Félix Guattari, *Mille Plateaux. Capitalisme et schizophrénie*, Minuit, París, 1980, pp. 291-292.

que se activa y aquello que dará o no prensión a esa actividad. Los biólogos serán los primeros en atestiguarlo, y para los antropólogos es una evidencia, pues la articulación entre esas dos maneras de aprender —de y con— les plantea problemas prácticos y éticos. Con esas «ocasiones de vida» en las que se componen entre sí y se subvierten entre sí identidades separadas —desde las de las células y tejidos del embrión o las de los compañeros simbióticos, hasta las de los humanos entre ellos y con lo que puebla sus mundos—, son posibles conexiones transversales que hacen sentido en común. Así tal vez, pasa por nuestros saberes positivos «esa solemnidad del mundo» cuya experiencia quiso activar Whitehead.

CAPÍTULO 5
Un universo metamórfico

Soldar la imaginación y el sentido común

En *Proceso y realidad,* Whitehead había caracterizado a sociedades que, del átomo al humano, persisten en el tiempo, en el sentido de un linaje de herencia continua, por medio de un «orden personal», en el sentido latino de *persona.* Una sociedad así entendida cambia, pero mantiene un carácter, lo que permite recíprocamente caracterizar el cambio. Pero, como vimos, la biología contemporánea acentúa de otra manera la pregunta. Ha descubierto que, al describir a los vivientes como capaces de mantenerse y reproducirse «solos», por medio de los recursos necesarios, los biólogos han privilegiado los casos particulares. La regla es más bien la cooperación, o lo que Donna Haraway llamará desde «simpoiesis». «¿Con quién estamos y en qué medida?»,[1] se interroga y la pregunta hace que importe menos la duración social que la interdependencia parcial entre compañeros heterogéneos, la coreografía ontológica en la que cada uno tiene la necesidad de los otros, no en general sino de ciertos otros, para ser él mismo, en la cual cada vez, a su propio modo, cada uno debe pasar por otros para realizarse a sí mismo.

En los hechos, nada aquí debería «choquear el sentido común» si es que recordamos que el término «carácter» designa también un personaje de ficción. Correlativamente, pertenece a la ficción darle su pleno alcance a la pregunta del cambio, es decir, al problema que

---

[1] Donna Haraway, «Une pensée tentaculaire. Anthropocène, Capitalocène, Chthulucène», *Vivre avec le trouble,* Éditions des Mondes à faire, Vaulx-en-Velin, 2020.

le plantea un «personaje» a un autor. Su pregunta será: ¿de qué es capaz en sí mismo?, pero siempre de manera situada por amarres y siempre en el modo ¿«de qué podría volverse capaz» luego de un nuevo encuentro o en nuevas circunstancias? ¿A qué puede volverse sensible? ¿Cómo puede metamorfosearse? Y, para que el lector no la suelte, el autor tiene que no someter a su personaje a su voluntad soberana, y suscitar la experiencia del «sí, puede volverse capaz de eso» que abre la imaginación.[2]

Tomar el relevo de Whitehead, aquí, habrá sido entonces activar una imaginación que, en lugar de poblar el mundo con una pluralidad diferenciada que entrega la palma de la originalidad a la experiencia humana y la de la conformidad a las sociedades inorgánicas, despliega las preguntas por las circunstancias y por las metamorfosis de las que es susceptible aquello que caracterizamos. Aquí no hay generalidad, no hay caracterización *prêt-à-porter* que transcienda las circunstancias. Son más bien momentos de *sheer disclosure*, de «devenir manifiesto», como si entonces aquello a lo que nos dirigimos nos dijera que va a ser necesario entenderlo de otra manera y enrolar otras relaciones.

No hay, por supuesto, ninguna garantía de validez epistemológica en esta sensación de evidencia, pero la fuerza de una metamorfosis, como la habilitación de Cayenne, está precisamente en que no la pide. Así como Haraway no podía explicarle lo que esperaba de ella, Cayenne no podía negociar, discutir, ni argumentar. Pero, en tanto perra proveniente de un linaje de perros pastores, era sensible a los signos y tentó darles sentido. Cuando una señal que hasta entonces era vector de perplejidad adquiría significación, entraba plenamente en su asunto y hacía de Haraway su testigo. En lo que nos concierne, con este testimonio nos salimos de la epistemología y de los conflictos territoriales. Lo que podemos llamar una soldadura entre sentido común e imaginación ha tenido lugar. Los diferentes saberes especializados podrían, con toda libertad, interpretar de su propia manera la toma de significación que metamorfoseó a Cayenne, pero seremos susceptibles de situarlos, de intentar refrenar su ardor predador

---

[2] Basta consultar los sitios aficionados de *soap opera* para ver la impresionante pasión con que se denuncia la arbitrariedad del guionista que decida mutar el comportamiento de un personaje sin tomarse la molestia de darle sentido a lo que lo hizo mutar.

y hasta de abrirles su imaginación, pues el relato-testimonio de Haraway tomó el relevo de lo que le ocurrió junto a Cayenne y nos habilita, al leerlo, a fabricar nuestras propias conexiones.

Esta soldadura entre imaginación y sentido común se efectuaría entonces no en general, sino mediante la intensificación, la dramatización de experiencias singulares, de lo que podríamos llamar mutaciones ontológicas, pues el *sheer disclosure* es una de esas mutaciones, una manifestación de la vida que rompe la reiteración del pasado, que hace contar lo que estaba desprovisto de importancia o lo hace contar de otra manera. La metafísica de Whitehead podría equipar a la filósofa para que active tales experiencias metamórficas y para que las caracterice de un modo que resistan a la depredación.

Whitehead había definido su metafísica como una matriz para aplicaciones. Para un matemático, las matrices son operadores de transformación, demandan operar, piden algo para transformar. Esto significa que aquello de lo que tenemos experiencia debería ser transformado por la aplicación de las categorías, pero no se volverá una ilustración de ellas. Estas categorías son la herramienta de la filósofa, y ella misma no las comprende sino es aprendiendo a manejarlas. Por eso podríamos decir que pensar con Whitehead es aprender a pensar en zigzag, en contra de la línea recta que nos lleva a pensar que nuestros enunciados refieren a hechos que, correlativamente, se proponen como aislables. El zigzag es una experimentación, hace la ida y regreso entre una abstracción conceptual que apunta a hacer existir la coherencia y una situación que nuestros enunciados usuales hacen bifurcar; le da a *esa* situación el poder de reclamar su realidad de *hecho individual concreto*.

«Toda ciencia debe forjar sus propios instrumentos. La herramienta requerida por la filosofía es el lenguaje. De esta suerte, la filosofía transforma el lenguaje del mismo modo que en una ciencia física transforma los aparatos preexistentes. Es exactamente en este punto donde la apelación a los hechos resulta una operación difícil. (...) No hay nada determinado porque toda entidad determinada requiere un universo sistemático que le proporcione el estatuto que reclama. Así, toda proposición que enuncie un hecho, si se lo analiza completamente, debe enunciar el carácter general del universo que ese hecho reclama. No hay hechos que se sostengan por sí mismos flotando en la nada».[3]

Evidentemente, el propósito de la filósofa no es definir completamente un hecho, es decir, incluyendo el universo sistemático que implica «en su propia limitación», sino experimentar con un lenguaje que active la experiencia de un hecho en tanto individual, una consumación que afirma su propia parcialidad, su propio «así». Por eso Whitehead osó la analogía entre filosofía y poesía. En los dos casos, el lenguaje debe llamar a una experiencia que evada las generalidades para suscitar el acontecimiento del *sheer disclosure*, el único susceptible de fundir el sentido común y la imaginación.[4]

Fue precisamente porque la experiencia de «tener un cuerpo» estaba demasiado argumentada como para suscitar este acontecimiento, demasiado finalizada en el mensaje a transmitir, que a mi parecer atestigua de una impaciencia que, en este caso, suscitó un «fallido».[5] En cambio, cuando el filósofo Michael Schillmeier pone en acción conceptos whiteheadianos para leer la manera en que una anciana calificada de demente atestigua de su situación ante una visitadora social que se tomó el tiempo de escucharla, se produce el zigzag.[6] El mensaje que acompaña la experiencia común se vuelve un ingrediente de un contraste doloroso.

---

[3] PR, p. 57 (esp., p. 28).

[4] Se dice que Whitehead era el menos leído y el más citado de los filósofos. Es, sin duda, un testimonio de la eficacia de ese ejercicio de pensamiento. Los autores que se encuentran con esas citas y las hacen suyas, no lo hacen para premunirse de la autoridad de ese filósofo, sino porque se sintieron «tocados» y saben que otros también lo serán.

[5] La idea de que algo «puede fallar» y que la impaciencia es un factor de error es central en el concepto de instauración propuesto por Étienne Souriau (*Les Différents Modes d'existence*, capítulo «Du mode d'existence de l'œuvre à faire», PUF, París, 2009). Véase también Isabelle Stengers, *Pensar con Whitehead*, Cactus, Buenos Aires, 2020 (Seuil, París, 2002), el capítulo «Dios y el mundo». Souriau habría reconocido seguramente en la tarea que Whitehead le daba a la filosofía una instauración, una respuesta a la solicitación de hechos a no ser considerados como «simples hechos», sino a ganarse el poder de ser percibidos como consumaciones y ser testimonios de la solemnidad del mundo.

[6] Michael Schillmeier, *Eventful Bodies: The Cosmopolitics of Illness*, Ashgate, Farnham, 2014.

La anciana relata su impotente penuria. Se queja de estar sin cesar confrontada a «hechos consumados». Está en una habitación que no le dice nada. Ni siquiera sus prendas de vestir son «suyas», están «allí», como extraños. Ella «olvida», por supuesto, pero Schillmeier no hace del olvido una pérdida de la capacidad de representarse el pasado. Lo que la anciana ya no consigue hacer es apropiarse del pasado en el presente, hacerlo «su» pasado. Puede representárselo, pero no le dice nada.

Schillmeier se vale del genio de la lengua inglesa —*remember*, 're-membrar'— para caracterizar la actividad continua requerida por una experiencia aparentemente simple: «mi habitación». Esta experiencia demanda rehacer y resentir, recomponer, reanudar, reunir siempre otra vez elementos heterogéneos en una composición continua que «hace sentido». La anciana se queja, no está demente, vive una situación demente, y la expresión «hecho consumado» adquiere aquí todo su sentido: el hecho está cerrado sobre sí mismo, ya no es signo para nada fuera de sí mismo, es lo que es, sin composición ni «hacer sociedad» posibles. La anciana vive en un tiempo estéril, árido, en el que lo que sucede le es ajeno y el presente, que ya no se deriva de su pasado, está sometido a una regla de sucesión que no la concierne —una sucesión, dice ella, de «hechos consumados»—. El «ya está hecho» de la ocasión metafísica consumada encuentra aquí su caricatura, pues el hecho se impone sin un pasado del que pueda ser una reanudación ni que pueda abrir un porvenir.

Cuando el esclavo Epicteto le hizo fríamente notar a su amo torturador que se entretenía torciéndole la pierna: «Te dije que me la romperías; ya ves, se ha roto», debió sentirse no poco orgulloso de ese enunciado que constata el «hecho consumado», pues lo hizo público y se convirtió en sinónimo de un admirable desprendimiento, de un desapego que vuelve al esclavo más libre que el amo. Pero el dejarse llevar y el desapego no tienen sentido independientemente de la manera. La anciana que vive su propio cuerpo como desanimado no suelta agarre porque se vive sin agarre: pánico de un sentido que se evade cuando nada ejerce apego ni referencia.

Sin embargo, sus torturadores, los que la extrajeron de su entorno familiar, solo le deseaban el bien, la pusieron en un hogar de ancianos porque temían por su seguridad; es cierto que la «demencia» de la

paciente se agravó, pero allí está en seguridad y se ocupan de ella...
También para ellos, en tanto profesionales, hay un «hecho consumado»: haga lo que haga, diga lo que diga o manifieste, no podrá ponerlos en duda: todo será puesto en la cuenta de la demencia.

Según la ontología consensuada de los médicos clínicos, el hecho
es que la anciana está demente, pero las palabras de la anciana, su
queja dirigida a la persona que supo crear con ella la posibilidad de
una *entre-vista* y resucitar por un tiempo la experiencia de «mantenerse juntos», de «hacer sociedad», afirman otra cosa. Atestiguan
de la manera con la que se puede volver demente, o «des-mentali-
zar», a una persona.

Sí, desde luego, puedo sorprenderme con Whitehead en el entorno familiar de mi escritorio que tenga que pensar a la vez que estoy en
este escritorio, igual de observable que un bloque de piedra en el medio de un campo, y que este escritorio, de una manera u otra, está «en
mí» y es un elemento de mi experiencia presente, de lo que soy yo
ahora. Pero tanto la penuria de la anciana como la danza de Haraway y
Cayenne alimentan mi imaginación de un modo diferente, me hacen
sentir que, más que «en» este escritorio, soy, al momento de trabajar,
«de» este escritorio. En el primer caso, estamos ante la coreografía de
dos cuerpos en movimiento. Cayenne y Haraway han aprendido la
una por medio de la otra, gracias a la otra, en una relación «cuerpo a
cuerpo» en que los ojos no observan sino que detectan y se envían
señas a las que responde todo el cuerpo. En el segundo, las cosas han
dejado de «hacer seña» a la anciana, vale decir, también de «hacer
memoria», participar en una continuidad que sea «suya»: la anciana
atestigua, de manera consciente, de algo que ignora la epistemología
cuando hace de los aspectos cambiantes o variables de nuestras relaciones con la naturaleza exterior los temas primeros de observación.
La anciana ignora la diferencia entre la «naturaleza exterior» y un
«hogar», entre el espacio y un «sitio» cargado de memorias e historias. Puesta delante de «hechos consumados» tanto por palabras
como por cosas, la anciana es perfectamente capaz de observar su habitación, pero esta «no le dice nada».

«Mi» escritorio no es un «entorno externo» en el que se encontraría mi cuerpo. Los libros que lo desbordan no están solo disponibles a que los tome, algunos me solicitan, me hacen seña mudamente,

se proponen a mi atención y a veces me levanto para ir a buscar uno de ellos, un poco como una zombi.

Fue en contra de la abstracción «muerta» —la que por ejemplo me situaría objetivamente en este escritorio o en la naturaleza y considere lo demás como un exceso de subjetividad— que Whitehead definió lo que el mismo entiende por proposición: «Una proposición es un componente del señuelo objetivo que *se propone* al sentir, y cuando deviene objeto del sentir, constituye *lo que es sentido*».[7] En otros términos, las proposiciones son aquello que requieren las abstracciones. Son señuelos (*lure*) que proponen una manera particular de hacer sentido. Admitir una proposición en el sentir es hacer la experiencia de una articulación; un «sujeto lógico», eso que es sentido, se impone al despejarse de una muchedumbre de sentires y al atribuirse a esta muchedumbre en tanto relacionada con este. Cuando el conejo sale arrancando, el conjunto de pequeñas percepciones que hacían su experiencia al acecho se articuló brutalmente en una proposición vital, probablemente no una representación, sino tal vez un «hay algo que se acerca». Las proposiciones, cuando son admitidas en la experiencia, la hacen dar un vuelco. Tienen un impacto, y ese impacto es primero emocional: horror, asombro, asco, indignación, risa o ese momento en que Cayenne dejó de padecer como un «hecho consumado» la manera en que son aprobadas o rechazadas las respuestas que le da a las señas de Haraway, cuando capta, o es captada por, la proposición del juego.

Sin embargo, sin duda, no más que cualquier otro ser vivo, tenemos la experiencia del impacto de una proposición si esta es «conforme», si «lo que es sentido» pertenece ya, en tanto tal, a nuestro medio, si está ya socialmente admitido. Por otra parte, cuando Whitehead habla de abstracción «muerta», no es solamente que esté conforme, sino que se propone como «normal», separada de lo que la vuelve importante y reclamando el poder de omitir lo que es susceptible de situarla. Pero, sea cual sea el carácter hegemónico de este influjo, no puede rechazar aquello que omite el poder de hacerse sentir. Tomado en relevo por Schillmeier, el testimonio de la anciana en penuria, para quien todo no era más que «hecho consumado», nos

[7] PR, p. 309 (esp., p. 257).

habla de la catástrofe que constituye un mundo efectivamente privado de la eficacia de «hacer sentir». Ella puede nombrar las cosas,
pero son un puro «aquello que». Entiende lo que le dice la gente,
pero lo que le dicen ya no comunica más con un pasado familiar ni
con un destino compartido. Lo deshecho es la continuidad en movimiento, el hilo intensivo de las variaciones de interés por donde las
proposiciones, y aquello que proponen descuidar, no cesan de responder entre sí de un modo que otorga a las cosas sentidas su importancia —el hilo que Whitehead, recordemos, había nombrado «persona viva»—. Lo percibido se impone a la manera de una situación
de hecho, sin por ello «hacer sentido».

En un sentido opuesto, la metafísica whiteheadiana es una matriz
de producción para proposiciones *no socialmente conformes*, que no
encuentran ilustración en los hechos familiares, habituados, que no
son conformes a la herencia social. Son proposiciones que, si se vuelven objetos de sentir, si el enunciado que las acompaña no es rechazado con indiferencia en el modo del «para mí, eso no tiene sentido»,
pueden hacer un zigzag con un hecho repentinamente deshabituado,
y suscitar la experiencia de lo que Whitehead nombraba un «hecho
individual concreto». La soldadura entre el sentido común y la imaginación —la experiencia metamórfica que Whitehead llama *sheer
disclosure*— no es entonces la «revelación» de una suerte de verdad
concreta más allá de nuestras abstracciones, sino el cese de la hegemo-
nía que impide sentir nuestras abstracciones como vivas, que engan-
chan al pensamiento, que hacen importar así y no de otra manera, y
desprovistas del poder de juzgar y eliminar lo que omiten.

El impacto de una proposición no conforme, que nos hace pensar
y sentir, suscita otro tipo de analogías que las que han transcurrido
desde Hume, es decir, las que ponen en escena un pensamiento que
construye el sentido de lo que es observado, que impone una forma a
lo que, en sí mismo, no compromete a nada. Es un pensamiento
«puro», no comprometido en y por el mundo, tanto mejor vehicula-
do por nuestros enunciados verbales cuanto tienen el aspecto de juicios, de puras constataciones, desprovisto del sentido de la importancia que estas constataciones expresan.

«La noción de pensamiento puro, si hacemos abstracción de toda expresión, es una ficción del mundo erudito. Un pensamiento es un modo de excitación formidable. Como una piedra arrojada a un estanque, perturba toda la superficie de nuestro ser. Pero esta imagen es inadecuada, pues deberíamos imaginar que las ondas participan efectivamente en la creación de la zambullida de la piedra en el agua. Las ondas expresan el pensamiento y el pensamiento amplifica y deforma las olas. Para comprender la esencia del pensamiento, debemos estudiar su relación con las olas en medio de las cuales emerge».[8]

Whitehead intenta aquí expresar el tipo de experiencia que, sin duda, le permitió resistir a las doctrinas que desmiembran lo que a pesar de todo sabemos, esa experiencia de tener que luchar para darle su expresión al impacto de un pensamiento (o de una proposición no conforme): los «es decir» que no son por nada en el mundo equivalencias, los «quiero decir» que no implican por nada en el mundo una voluntad ni incluso siquiera un «yo». Trayecto de dubitaciones y relances, tanteos de ciego, el pensamiento no se encuentra con un medio rarificado, «hace olas», olas que a su turno podrían darle la consistencia verbal a lo que causa impacto que permitirá decir, por fin, «y esto es lo que yo pienso». Y lo que emerge entonces no es solamente un pensamiento que encontró su expresión, es un pensador metamorfoseado, que sabe lo que quiso decir y es heredero del trayecto del que emerge.

La imagen del estanque, nota Whitehead, hubiera sido inadecuada si hubiera sugerido una relación simple: si las olas no fueran definidas sino como efectos de la zambullida de la piedra, la expresión de un pensamiento encontraría su explicación en ese pensamiento. La imagen corregida, y resistente desde entonces a cualquier descomposición, podría decirse así: el pensamiento busca su expresión, lo que lo volverá explicable para y a otros, incluido el mismo pensador. Y solamente entonces se volverá capaz de entrar con otros en relaciones verbales estabilizadas que hacen del pensamiento un objeto sobre el cual se puede «reflexionar».

---

[8] MP, p. 58 (esp., p. 48).

Esto no es, por supuesto, más que una abstracción, y simplifica la imagen del medio de la zambullida. El pensamiento que busca su expresión puede remitir a un episodio solitario, pero también a una discusión, y en tal caso la eventual impaciencia o las sugerencias de todos y cada uno —lo que bien se concibe, desde luego, claramente se expresa— podrían venir a interferir y a suscitar nuevas olas. Tantas veces ocurre que se pierde el hilo, que el proceso aborta, que gana una conversación general que dejará quizás un poco frustrada a quien conserve la vaga sensación de que había algo más importante.

Pero lo que Whitehead ha caracterizado como un «formidable modo de excitación» hace zigzag con el proceso de apropiación subjetiva, que es el «eslabón elemental» de su metafísica. Comparte en todo caso con este proceso su carácter indescomponible —aquí, la sucesión indescomponible de los «yo quiero decir» y los «es decir» por donde un pensamiento busca su expresión—, pero también el contraste entre ese proceso y la realización de lo que era su propósito, con la experiencia del «así que eso era» que transforma la relación del pensador con lo que de ahí en más será «su» pensamiento. El pensamiento expresado, que encuentra una formulación «satisfactoria», se vuelve «público», susceptible de ser comentado, diseccionado, evaluado, refutado o, en su defecto, reducido a una simple «opinión».

El contraste entre el proceso indescomponible, privado, de una búsqueda por tanteos, y el modo de existencia «público» de un pensamiento que, devenido objeto de reflexión, de análisis, de solicitud de clarificación, dramatiza el contraste instituido por la metafísica whiteheadiana entre el presente espeso, privado e indescomponible, el cual es la consumación del proceso subjetivo ocasional, y el carácter «público» de lo que será consumado, «objeto» desde entonces disponible para la apropiación de otras ocasiones, «dado» para sus propias prehensiones. Lo obtenido devino herencia para el pensador, y para otros, «asunto público», podríamos decir, aunque le pertenezca, de modo privado, a cada uno el decidirse en cuanto a la manera en que heredarán de él, en cuanto al valor que le conferirán.

Sin embargo, también tenemos experiencia de procesos de participación indescomponibles —la «buena carrera» que Haraway calificaba de «coreografía ontológica» es un ejemplo, pero puede también ocurrir con humanos, sobre todo cuando se produce, en caso de impacto de un pensamiento, una forma de trance compartido, por medio de relances de enunciados que a tanteos y de un modo opaco se responden entre sí con aquellos que escuchan y sienten que intervenir, pedir explicaciones, sería hacer intrusión.

Pensar «juntos» es escaso y precioso, y señala una «zona de contacto» que puede ser nombrada «confianza». Cuando Haraway y Cayenne estuvieron a punto de volverse locas una a la otra, lo que estuvo bajo amenaza fue su confianza, tanto de una en la otra como de cada una en sí misma. Y aquí nuevamente un zigzag puede producirse a partir del choque que puede suscitar en algunos el término «confianza». Pues a menudo la confianza es vista como una renuncia a pensar «por uno mismo», un dejarse llevar que nos expone a la posibilidad de ser timados, sacados a pasear, víctimas de los poderes de la sugestión. Podemos saber lo que vivimos, pensamos e imaginamos por los otros, con otros, al riesgo de otros, pero sentirlo y aceptarlo es, para quienes han aprendido a venerar el «en cuanto a sí mismo», del orden de una vulnerabilidad inevitable, sino del orden de la debilidad. «Yo confié y él me engañó», «Cedimos a su poder de sugestión», son confesiones. Ser timado es una vergüenza.

El zigzag, si se produce, destrona al «en cuanto a sí mismo» de sus pretensiones de juzgar términos tales como confianza o sugestión. Desde luego, no suprime ni el peligro ni la vulnerabilidad —estamos bajo el riesgo de los otros—, pero cambia los términos de la cuestión. Es el ideal del en cuanto a sí mismo lo que se convierte en una incongruencia, como un blindaje, ningún pensamiento podría zambullirse en una laguna congelada.

La confianza no tiene un correlato metafísico directo, ni tampoco sus riesgos, el engaño y la traición. En cambio, la incongruencia del en cuanto a sí mismo, o del sálvese quien pueda, sí está correlacionada con la posibilidad misma de la concrescencia metafísica, con la unificación subjetiva de la multitud de prehensiones por donde decidirá el sujeto que les hará suyas. Recordemos que Whitehead había subrayado que por ningún motivo hay que considerar a las prensiones como algo que estuviera inicialmente disociado, sin relación unas con otras: las prehensiones en disyunción son una abstracción.[9] Si bien pueden ser caracterizadas inicialmente como una muchedumbre, no pueden ser descritas como muchedumbre de «en cuanto a sí», indiferentes y por reunir. Si puede haber concrescencia, o composición, es porque en cuanto hay prensión juntos, *togetherness*, hay «sensibilidad mutua», y la composición en sí misma no es nada más que la manera en que esa sensibilidad toma consistencia, al hacer desaparecer progresivamente cualquier posibilidad de abstraer a cada componente de sus relaciones con todos los demás.

No por ello diremos que cada prehensión se pliega al rol que le tocará para el sujeto, como si el rol preexistiera al enrolamiento, sino que deviene ella misma, obtiene su realidad concreta, a medida que ese rol se determina, a medida que la sensibilidad mutua entre prehensiones se vuelve interdependencia de relaciones plenamente decididas con todas las demás, que participan con ellas en la toma de consistencia del sujeto. Es la sensibilidad mutua lo que requiere la composición, y puede hacer zigzag con la experiencia de aquello que, entre los vivientes, se llama «confianza», transformando la confianza «hacia» —esté bien o mal puesta— en una confianza «entre» aquellas y aquellos que, juntos, es decir, comprometidos por un propósito común, intentan, no ponerse de acuerdo, sino hacer sentido en común, hacer de sus divergencias una composición.

En *Modos de pensamiento*, Whitehead habla de la palabra composición como de una palabra «bendita»[10], y en *Proceso y realidad*, la usa para caracterizar el hecho de que, desde el origen de la concrescencia, las prehensiones miran hacia el sujeto que las unificará; habla de un «viento de vida que anima osamentas resecas», y ve ese momento inicial como el «milagro de la creación».[11] Inútil sería decir que tales términos no tienen un alcance específicamente religioso. Pero sí corresponden a la eficacia que buscan las proposiciones metafísicas whiteheadianas. Mientras que la ontología de las sociedades estaba dominada por la resistencia a la bifurcación de la naturaleza, y

---

[9] PR, p. 377 (esp., p. 323).

[10] MP, p. 92 (esp., p. 86).

[11] PR, p. 163 (esp., p. 125). Ezequiel, cuya visión cita Whitehead (Ezequiel 37:10) describe el milagro de una resurrección, pero para Whitehead se trata de la creación de un nuevo ser.

por tanto situada por ella, la metafísica de Whitehead está condicionada por la obligación de coherencia, y hace existir lo que requiere. No hay caracterización coherente de nuestras experiencias, ni de nuestros mundos, sin composición: lo disociado permanecería disociado. Y no hay composición sin sensibilidad mutua. Pero la coherencia obliga a desafiar toda definición especializada, lo que demanda es una afirmación genérica, que situará todo lo que ella hará pensar.

Sin duda por eso esta metafísica no adquiere sentido sino en los zigzags que induce, y solo podría desconcertar una lectura armada de lo que Audre Lorde llamaba «herramientas del amo», esto es, las que exigen de nosotros que podamos definir aquello de lo que hablamos. Tal vez los nietos del amo y los nietos de los esclavos lograrán crear juntos zonas de contacto, aunque sin duda también Houria Bouteldja tenga razón de invocar al respecto algo que desafía cualquier principio de conservación del «en cuanto a sí» moderno, esa confianza difícil que llama «amor revolucionario».[12]

Elogio de la voz media

No definiremos entonces la «composición», la dejaremos viajar allí adonde haga sentido, desde la biología, con sus zonas de contacto y sus inducciones recíprocas, hasta lo que suele llamarse la «vida del espíritu», no la vida espiritual, sino la vida metamórfica que lidia con la insistencia de lo que desde Platón llamamos «ideas» que demandan realización. Es una insistencia que el matemático Whitehead conoce bien: es la misma insistencia de las matemáticas que le da a la coherencia el poder de una obligación. A ella son insensibles quienes ven en las matemáticas las herramientas del amo que impone la autoridad de sus definiciones. Para Whitehead, las ideas matemáticas deberían estar separadas radicalmente de cualquier autoridad: en *La Ciencia y el mundo moderno*, comparaba incluso el rol de las matemáticas a lo largo de la historia con el rol de Ofelia en *Hamlet*: «Ofelia es encantadora, y un poco loca», no tiene ningún agarre

---

[12] Houria Bouteldja, *Les Blancs, les Juifs et nous. Vers une politique de l'amour révolutionnaire*, La Fabrique, París, 2016.

sobre los acontecimientos, y sin embargo es «un elemento esencial de la obra».[13]

Pero existe, a mi parecer, una caracterización genérica de la manera en que las proposiciones no conformes, un poco locas, surgidas de la metafísica whiteheadiana, hacen zigzag y componen con la experiencia. Es una manera que evoca la torsión sintáctica correspondiente a lo que los gramáticos llaman la «voz media»,[14] en contraste con la voz activa, de un lado, en la que el sujeto sintáctico designa lo que actúa y la voz pasiva, del otro, en la que el sujeto sintáctico es quien padece la acción.

Jacques Derrida asoció la voz media con una operación «que no deja pensar ni como pasión, ni como acción de un sujeto sobre un objeto, ni a partir de un agente, ni a partir de un paciente, ni a partir ni en vista de cualquiera de estos términos»[15] —una operación, por tanto, «que no es una operación»—. La acumulación de negativos sugiere lo impensable que, no obstante, debe ser pensado: para Derrida, la voz media estaría «reprimida», y quizá sería aquello cuya represión marcaría el origen de la filosofía.

Es verdad que nuestras lenguas, de origen latino, parecen imponer que haya que escoger entre voz activa y voz pasiva, entre actuar y ser actuado. Pero Bruno Latour de alguna forma ha resucitado la pertinencia semántica de la voz media al proponernos escucharla en los casos en que hesitamos acerca de la atribución de la acción.[16] Quién actúa y quién padece es una pregunta cuando decimos «nos dejamos llevar» (arrastrar, seducir, interesar, embarcar, atraer, reclutar, tocar, influenciar, emocionar, alcanzar por) y cuando hablamos de algo que nos hace hacer. En todos los casos, no se trata solamente de deplorar o de denunciar un defecto, una falta en relación con la autonomía asignada al sujeto de la voz activa. La sociología ella misma hesita, nota Latour, debatiéndose entre la hipótesis abstracta de los individuos

---

[13] CMM, p. 38 (esp., p. 36).

[14] Véase Émile Benveniste, «Actif et moyen dans le verbe», *Problèmes de linguistique générale*, Gallimard, t. I, París, 1974.

[15] Jacques Derrida, «La différance», en *Marges de la philosophie*, Minuit, París, 1972, p. 9.

[16] Bruno Latour, «Factures/fractures. De la notion de réseau à celle d'attachement», en André Micoud y Michel Peroni, *Ce qui nous relie*, Éditions de l'Aube, La Tour-d'Aigues, 2000.

actuantes, de los cuales la sociedad es una simple resultante, y la de los individuos actuados por la sociedad. ¿Qué es lo que ha desaparecido en esta grandiosa alternativa?, se pregunta, y responde: la multiplicidad de los «anudamientos», de los seres, de las técnicas, de los dispositivos que hacen hacer algo a otros. La pregunta «¿quién es el amo?», «¿quién tiene el dominio?», crea el vacío o suscita el abismo de las regresiones infinitas —«¿quién tira de los hilos del marionetista?», etc.—.

Latour propone que consideremos con más cuidado el arte del marionetista, la manera en que sus gestos responden a los movimientos propios de la marioneta, cuyo arte se sostiene justamente en la capacidad que tenga de dejarse él también actuar por «esa» marioneta, y no de imponer movimientos a «una» marioneta. «Dejarse llevar hacia la zona de contacto», diría Haraway, que cambia al sujeto, a todos los sujetos, y vuelve posible una «coreografía ontológica» que desafía a cualquier atribución de responsabilidad a un «autor».

Latour propone asociar a la voz media, no el reconocimiento general de que no somos autores soberanos de nuestras acciones, sino la inquietud y el cuidado de nuestras maneras de estar ligados. Ahí está el grito de Whitehead: no podemos pensar sin abstracción, nuestras abstracciones nos hacen pensar, pero corresponde que seamos vigilantes en cuanto a nuestros modos de abstracción. En otros términos, no hay aquí un dilema ineludible, no hay alternativa dramática entre un «yo pienso» sometido a abstracciones que lo determinan y un «yo pienso» libre de medir sus abstracciones. La vigilancia, desde ese punto de vista, pertenece a la voz media, que es una disponibilidad cultivada para el «cambio de sujeto». No se es vigilante en general, pero tampoco se puede determinar aquello con lo que hay que ser vigilante, pues se trataría ya no de vigilancia sino de acciones de verificación acerca de lo que ya fue definido como importante. La vigilancia implica una indisociabilidad entre ser actuado, sentir la atención atraída *por* algo, y actuar, responder de tal o cual modo a la pregunta planteada por ese algo. Y cada zigzag suscitado por una proposición no conforme releva, también, de la voz media: la proposición le da a un aspecto de la experiencia el poder de importar, pero pertenece a la imaginación activada de «realizar» esta importancia, explorar sus consecuencias, incluso en un modo pánico (jugada del mal).

Whitehead devino filósofo para encontrar los medios de resistir a la bifurcación que desmiembra nuestra experiencia: una bifurcación que pregunta quién es el responsable de lo que conocemos, ya sea las actuaciones «objetivas» de la naturaleza, ya sea nuestros modos «subjetivos». Pero le dio a la coherencia el poder de obligar a luchar cuerpo a cuerpo con la sintaxis que insiste que sea precisado el que actúa, o quién es la causa, y el que es actuado, o quién es causado. Así es como traduce la relación entre los sentires y el sujeto que los siente:

> «Es mejor decir que los sentires apuntan [*aim at*] a su sujeto que decir que están dirigidos hacia [*are aimed at*] su sujeto. Pues la última expresión deja al sujeto fuera del sentir y le atribuye una intervención externa, lo que sería abstraer el sentir erróneamente de su propia causa final. Esta causa final es un elemento inherente al sentir, que constituye la unidad de ese sentir. Una entidad actual siente como siente para ser la entidad actual que es. De esta suerte, una entidad actual satisface la noción de sustancia de Spinoza: es *causa sui*».[17]

De ahí, nuevamente, la importancia de no hablar de «meta», que evoca la posibilidad de una definición abstracta del fin perseguido, ni tampoco de «resultado», que evoca causas indiferentes. La voz media, más bien, se insinúa al decir «el sujeto se obtiene de lo que lo causa», obtiene ser lo que es por causas que ellas mismas se han vuelto lo que son. En *Modos de pensamiento*, Whitehead explota las posibilidades de otro término. Dirá allí que cada ocasión está «concernida» —en el sentido cuáquero, precisa Whitehead— por lo que está más allá de sí misma.[18]

De todas las denominaciones religiosas, la única que Whitehead cita es la de los cuáqueros, y lo hace en el contexto de una discusión metafísica.[19] Ahora bien, el *concern* designa entre los cuáqueros el «mensaje» o «inquietud» que siente un miembro de la comunidad, y en torno al cual los demás miembros se reúnen, no para debatir ni

---

[17] PR, pp. 357-358 (esp., p. 303).
[18] MP, p. 185 (esp., p. 190).
[19] Véase principalmente AI, p. 230 (ingl., p. 180).

interpretar, sino para empeñarse colectivamente en *discernir* lo que se están preguntando. El *concern* alrededor del cual se reúnen los cuáqueros no pertenece entonces solamente a un pasado cuyo presente debe determinar cómo heredará de él. Es el presente mismo que se vuelve pasado para un futuro que volverá a interpretar el sentido de sus limitaciones. Podemos decir del procedimiento de discernimiento cuáquero que ha pasado sus pruebas desde hace siglos, teniendo en cuenta lo que sus miembros han sabido «discernir» en su transcurso, y es un procedimiento que no implica ningún criterio de legitimidad que actúe desde el exterior ni tampoco una meta preformulada. La cuestión del futuro más allá de ellos mismos actúa en la sensibilidad mutua entre los miembros del colectivo que requiere discernimiento.

«Estar concernido por» pertenece a la voz media, y una de las maneras de decir que las prehensiones están animadas por el propósito del que serán la realización progresiva consiste en decir que estarán «concernidas» por esa realización, lo que traduce su sensibilidad mutua.

Hay experiencias en las que sentimos la solemnidad del «así tendrá que ser» o del «que no se diga que...», sentimos que lo finito, la decisión obtenida, «importa más allá de ella misma». Pero la experiencia puede también ser la de una consumación en presente. Sería casi redundante subrayar que la indisociabilidad entre actuar y ser actuado, entre sentir y ser sentido, entre hacer y hacer hacer es la que caracteriza a este presente dilatado, indescomponible, que constituye una «buena carrera». La alegría que, escribe Haraway, vivieron juntas ella y Cayenne «se degusta».[20] Pero no hay la menor garantía de que ellas degusten «lo mismo». Lo que importa es que la experiencia que Haraway llama «alegría» fue obtenida y degustada por ellas juntas, pastor australiano y profesora universitaria.

Y el gusto, a fin de cuentas, también pida tal vez a la voz media. No es solamente un asunto de goce, sino también de discernimiento, y para discernir activamente se tiene que haber aceptado dejarse tocar. Es una desgracia que los gustos se hayan convertido, junto con

---

[20] Donna Haraway, *When Species Meet*, capítulo «Training in the Contact Zone», University of Minnesota Press, Minneapolis, 2008, p. 240.

los colores, en los emblemas de las cualidades secundarias, eso acerca de lo que supuestamente no se debe discutir. Degustar es parte integrante de la aventura de la vida, encuentros que señalan que no estamos «en el mundo» sino que somos «del mundo», un mundo en el que se tiene que discernir entre lo que nos nutre, lo que nos envenena, lo que nos sana (donde ese «nosotros», si seguimos a los biólogos, incluye una multitud bacteriana para la cual es indiferente adónde estamos, pero no lo que comemos).

No es inútil recordar que el tacto es un sentido táctil, y que para tocar hay que aceptar ser tocado. Esto podría recordarnos que el *Sapere Aude* de Horacio, que se volvió, junto a Kant, en la orgullosa divisa del pensamiento de las Luces, podría traducirse por «Osa Probar» más que por «Osa usar tu razón». Horacio, de hecho, había escrito *Sapere Aude. Incipe* —Empieza—. Eso, Kant desde luego lo omitió. Ahora bien, esto podría significar que la exhortación versa sobre la necesidad, si se quiere aprender a discernir, a correr el riesgo de dejarse tocar. Osar probar la manera en que la situación que se te está proponiendo te afecta, de qué modo te hace sentir y pensar, podría entonces volverse una divisa honorable para el pensamiento crítico, que no mande a las creencias y supersticiones a la oscuridad.

«Osar probar» podría igualmente bien devolvernos al sentido común, ya que es el arte de los cocineros que degustan sus preparaciones —arte que Platón oponía al arte de los médicos: los primeros halagan a los sentidos, los segundos, por el bien de sus enfermos, les prescriben pociones de sabores dudosos—. La máquina de guerra que funciona en nombre de la razón ha sido encendida. Y en su opuesto extremo, está de más decir que saber probar traduce una sabiduría inmemorial del cuerpo: se aprende, se cultiva, se afina e incluso pasa por palabras, como atestigua el rico vocabulario de los enólogos. Pero las palabras, aquí, no significan la abstracción de categorías: son signos verbales, estabilizan nuevas zonas de contacto, que inducen a nuevas sensibilidades.

De manera correlativa, «osar», aquí, deja de significar heroísmo halagador de un enfrentamiento o de una emancipación de la razón liberada del yugo de las ilusiones reconfortantes o seductoras. Osar, es primero que nada atreverse a «hacer confianza», atreverse a engancharse en el trayecto de aprendizaje que todo eso demanda, saber probar, sin el requerimiento de tener que demostrar, ni el miedo a dejarse timar, ni anestesiar las dinámicas que activan la voz media. «Osa» entonces, pero sabiendo el peligro. No se trata de pretender aquí poder acogerlo todo, sino de osar, quizá temblando y sabiendo dejar afuera, pero no por principio. Recordemos lo que la metafísica whiteheadiana afirma sobre las prehensiones «negativas», expulsadas del sentir: dejan una «marca de nacimiento», la decisión del sujeto en cuanto a lo que es guarda de modo emocional la impronta de lo que no es.[21] Deja afuera, pero en el modo del «no esto, no aquí, no ahora», y no en el modo del juicio.

«Osar probar» no atribuye una verdad propia de la intuición, como por ejemplo la intuición a la que Haraway debió enseñar a resistir, que le sugería que Cayenne estaba entendiendo lo que ella quería de ella. Significa más bien, tanto para los cuáqueros como para Horacio, «osa empezar», osa dejarte tocar si quieres activar procesos de discernimiento por los cuales sea generado un «saber apreciar» de lo que te solicita. No transformes en una laguna congelada la superficie contra la cual chocará la piedra, incapaz de penetrar las aguas y de activar las olas. Pero el pensador solitario evocado por esta última imagen es, sin duda, demasiado particular, me trae «a mi hogar».

Los cuáqueros supieron enlazar a un arte colectivo el arte de probar y apreciar el *concern* que turba a uno de los suyos, discernir su tenor, asir la eventual importancia para quien lo propone, y reconocer también la falta de gusto si alguno pretendiera tener la «última palabra». Para el colectivo, cada palabra que exprese una opinión siempre será la penúltima antes de que sea obtenido lo que buscaba el encuentro de discernimiento: un acuerdo que no pertenezca a ninguno de ellos. Las palabras, de allí en adelante, se llaman unas a otras, pues el *concern* se metamorfoseó, obtuvo el poder de hacer sentido en común.

Podríamos decir que los cuáqueros inventaron uno de estos dispositivos que, principalmente a partir del ejemplo de las *palavras*, caractericé anteriormente como «generativos». Y es con esos dispositivos que la metafísica whiteheadiana, así como la metafísica de la

---

[21] PR, p. 364 (esp., p. 309). Los cuáqueros lo saben: las reuniones en las que se decide colectivamente exigen a todos y cada uno recordar que «pueden estar en el error», pero no por ello dejan de tomar decisiones.

voz media, encuentran una pertinencia plenamente desplegada. La eficacia de esos dispositivos releva de la voz media porque hace del sujeto algo *generado*, no actuado.

Ya lo vimos, la eficacia de estos dispositivos puede ser reducida a una explicación general de tipo psicosociológico, que juega sobre una sugestionabilidad, lo cual es visto siempre como de baja ley si predomina el ideal abstracto de un sujeto autónomo, dotado de «sus» ideas, que debe defender «sus» posiciones. Los participantes, se alega entonces, saben que deben entenderse: se pliegan a ese imperativo con el fin de alcanzar un consenso. Sería olvidar que, como ya señalé, si la práctica de la decisión por consenso fue adoptada por los activistas americanos, que de hecho la aprendieron de los activistas cuáqueros, fue precisamente porque la decisión generada debe resistir a pruebas como, principalmente, las provocaciones policiales que tienen el objetivo de dividir y de sembrar cizaña. Hay que darle aquí su fuerza a la palabra «entenderse», y recordar que en la mayoría de las reuniones una no entiende a los otros, sino que se los padece. Los dispositivos que relevan de «las artes de la composición» buscan activar la «sensibilidad mutua» de las palabras y de las percepciones de los participantes. Esta sensibilidad no está creada por el dispositivo: las condiciones del dispositivo apuntan más bien a luchar contra las maneras de hacer, de comportarse, de hablar que anestesian, que encierran a cada uno en su «en cuanto a sí mismo». La composición no tiene que ser explicada, sino solo cultivada. Y lo que se obtiene de ella es algo del orden de la metamorfosis: la situación que dividía ganó el poder de hacer sentido en común. Se ha vuelto el sujeto que hace pensar e imaginar.

Activar la sensibilidad mutua es asimismo el reto del ágora imaginada por Bruno Latour. El ágora, con los especialistas reunidos, el diplomático y el público, es un dispositivo cuyo sentido, su propósito, es una composición posible, una composición que implica una transformación de la relación de los especialistas, no con su práctica, sino con lo que esa práctica pretende exigir —en este caso, la manera con que vincula su perduración con una cierta manera de afectar su entorno—. En tanto tal, ese posible no puede dirigirse sino a «practicantes», es decir, no a humanos en general, sino a humanos en tanto que saben la precariedad de aquello a lo que pertenecen, saben que el vínculo de pertenencia que los hace existir en tanto practicantes puede ser destruido o disuelto. Ese es el saber que será intensificado en el ágora, pero en el modo de la hesitación. ¿Me interesaré? ¿Me dejaré tocar por la hesitación de los otros, por el modo de atención del público? Y esta intensificación solo es posible si el público sabe apreciar esta hesitación, degustarla y sentir el riesgo de la decisión por tomar: es un público «*amateur*».

La pregunta planteada a cada uno de los que están en el ágora supone por supuesto la pertinencia de la proposición, la pertinencia de lo que Bruno Latour-sociólogo aprendió de los «actores». Podría decirse que se trata de aquello que las ciencias experimentales llaman un «experimento crucial», que clava a una tesis «en la cruz», entre logro y fracaso: el experimentador pone públicamente a prueba una tesis, presenta un dispositivo en que esa tesis deberá defenderse «totalmente sola», sin más transacciones, ni mejoramientos, ni arreglos. La diferencia está en que el ágora no es un «laboratorio público». Si los practicantes rechazan dejarse concernir o perturbar por la proposición que se le hace a cada uno, el fracaso no será atribuible a ninguno, pues los sociólogos podrán explicarlo por la adhesión de los especialistas al rol que les fue institucionalmente inculcado. No se trata aquí de confirmar o infirmar aquello que ha «encontrado» el sociólogo, sino de dar una respuesta en un escenario que pone a cada uno de los especialistas «en la cruz». ¿Reiterará esa presentación de su práctica de poner a distancia a los «incompetentes», supuestamente incapaces de poder comprender lo que su práctica hace importar? ¿Aceptará enrolarse en una prueba que lo obligue a salir de la defensiva? Por supuesto, es libre de rechazar que el escenario tenga algo crucial y a que lo obliguen a hesitar con la situación y con su seguir «en cuanto a sí mismo». La proposición diplomática chocará entonces con la superficie congelada de su sensibilidad.

El dispositivo del ágora hace zigzag con la metafísica de la voz media que asocié a las categorías de Whitehead. Si el practicante acepta estar concernido por la proposición que le alude, las olas suscitadas podrían reactivar experiencias que hasta entonces no habían podido hacerlo hesitar, o permitirle componerse entre sí con la proposición, entrar con ella en relaciones de sensibilidad mutua —y hasta, quizá, el practicante se vuelva capaz de responder «sí, pero...» a quien lo interroga—. El dispositivo del ágora le permitió a la proposición del diplomático «hacer ocasión». Se ha abierto la posibilidad de explorar juntos, es decir, *con él*, la pregunta ¿de qué los vuelve capaces su pertenencia?

Todo dispositivo, tal como Michel Foucault nos enseñó a caracterizarlos, tiene la eficacia de inducir maneras particulares de afectar y ser afectado, de actuar y de ser actuado. Pero, contrariamente a los dispositivos de poder que analizó él, los dispositivos que he caracterizado como «generativos» demandan a quienes reúnen que estén *concernidos explícitamente* por la pregunta o la proposición que los reúne. Requieren que cada uno y una de los que están reunidos sepa que lo que emergerá de su reunión no pertenecerá a ninguno, pues será lo obtenido del «estar juntos» que el dispositivo ha hecho existir. La metamorfosis a la que busca un dispositivo generativo es a la vez aquello que es anticipado, una posibilidad en que los participantes tienen confianza, sobre todo cuando ya han tenido la experiencia, y aquello que siempre debe ser obtenido nuevamente. Si se trata de una «manifestación de la vida», no se hace por encargo, sino que tiene lugar.

Hay muchos tipos de dispositivos, y el trabajo de Foucault muestra, a través de la eficacia crítica de su análisis, que algunos tienen la necesidad de disimular lo que buscan detrás de justificaciones generales, como si el tipo de transformación que inducirían se conformara con las legítimas necesidades de la sociedad. Otros, movilizadores, definen el medio como «peligroso», dotado de una potencia seductora susceptible de incitar a la traición. Whitehead, en *La ciencia y el mundo moderno*, había subrayado el hecho mayor que constituyó el descubrimiento moderno de un método que permitía entrenar a «profesionales», es decir, transformar a debutantes curiosos en intelectos que progresan en su surco y que hacen juicios superficiales e ignorantes acerca de la preguntas planteadas afuera de ese surco. Para un profesional, dejarse infectar por preguntas que lo llevan fuera del surco sería en efecto una traición. «¡No lo pruebes, o estarás perdido para la ciencia!».

Es impactante que este método de formación disciplinaria de profesionales constituya un modo de socialización en algo similar a la formación fabricadora de soldados disciplinados, con la diferencia de que un ejército movilizado deberá mantenerse junto ante verdaderas pruebas, y no en relación con una amenaza inculcada. Pareciera que el entrenamiento, el castigo y hasta la perspectiva del pelotón de ejecución no bastaran para explicar la transformación de civiles en soldados, capaces de obedecer órdenes que podrían llevarlos a matar o a morir, si la invención de los métodos de entrenamiento no fuera una parte interesada del dispositivo que suscita la metamorfosis de civiles en «compañeros de armas», a los que «no se puede soltar» cuando se enfrenta una prueba. A menos que esta provoque el pánico, la desbandada enloquecida, cuando lo que prevalece es el «sálvese quien pueda», el «cada uno por su cuenta». En tal caso, el ejército no está vencido, está «derrotado».

Si tomé este último ejemplo, objeto de numerosos testimonios y matriz de innumerables ficciones, fue para subrayar la necesidad de aprender a degustar lo que nos hacen los dispositivos y lo que nos vuelven capaces de hacer. Si la vida se manifiesta por medio de lo que podríamos llamar una metamorfosis, ninguna metamorfosis está cerca de tener el destello de la autoridad adquirida por Cayenne cuando «comprendió» lo que le pedían los signos de Haraway. Algunas metamorfosis pueden volverse el reto de dispositivos cuyos logros pueden ser formidables, y canalizar la sensibilidad mutua de un modo exclusivo, que mata la imaginación y que convierte en un peligro a lo que perturba. Pero los dispositivos que mejor conocemos son aquellos que, en todas partes e impunemente, impiden, o más bien buscan impedir, que la vida se manifieste, aquellos que buscan erradicar las dinámicas de metamorfosis para hacer prevalecer al «individuo» dotado de sus propias razones, evaluable según sus propias competencias,[22] actuado por ofertas de consumo que lo ponen al servicio del crecimiento.

Sentir la violencia ontológica de los dispositivos que hacen de nosotros unos individuos es rechazar el régimen de escasez que juzga normal que algunos —los que sienten, piensan e imaginan todavía un poco— escapen del régimen común, y que son no elegidos sino sobrevivientes, medio anestesiados, aunque no del todo. Y ese saber

---

[22] Véase Marcelle Stroobants, «Transduction: l'apprentissage comme métamorphose», en Didier Debaise e Isabelle Stengers (dirs.), Gestes spéculatifs, Presses du réel, Dijon, 2015.

nos obliga a mantener viva, valga lo que valga, la incógnita de nuestra época: no sabemos de qué podrían volverse capaces los humanos.

Afectos tentaculares

Este ensayo pidió la ayuda de Whitehead para pensar una época de la que no sabemos si marca el final de la modernidad o si explora la posibilidad de su devenir civilizado. Pero también debió tentar ampliar el campo de lo que hizo pensar a Whitehead, un campo dominado por la tríada que él asocia con la bifurcación de la naturaleza (Newton, Hume, Kant). Era necesario que esos bifurcadores —que para muchos están todavía presentes y definen el horizonte del pensamiento— fueran enviados al pasado. Era necesario que ese presente se volviera pasado para un futuro que no le pertenece. La tentativa puede reactivar un pasado más antiguo. Si comencé por la perplejidad de los habitantes de Atenas frente a las preguntas no conformes del Sócrates puesto en escena por Platón es también porque para Whitehead la filosofía era «notas al pie de página» en el texto de Platón. Entre esas notas, debería haber una que se interrogase por los dispositivos que hacen que, desde la escuela, sepamos que tenemos que responder a tales preguntas si queremos ser escuchados.

Whitehead escribió que «el relato del sexto día debería ser: "Él les dio el lenguaje, y se volvieron almas"»,[23] lo que no significa que el lenguaje hizo de nosotros unas almas. Puede hacer de nosotros unos seres vivos más sometidos a la conformidad que un gato, o incluso un conejo, podrían serlo nunca, al ser capaces de hacer prevalecer y justificar los modos de abstracción más devastadores. El alma, en el sentido de Whitehead, es lo obtenido, y lo obtenido que enlaza a ese hecho individual concreto que él llama *disclosure*. Ahora bien, la experiencia en la que la vida se manifiesta no tiene en sí nada de excepcional, pero cuando se pierde el *sentido* de esa experiencia, cuando se atribuye la elucidación a sí mismo, como resultante de su propia actividad, cuando se olvida rendir gracia a lo que la volvió posible, «se pierde ese modo de funcionamiento que es el alma».[24]

---

[23] MP, p. 62 (esp., p. 53).
[24] *Ibidem*, p. 83 (esp., p. 78).

«Devenir un alma» es, por lo tanto, también devenir susceptible de perderla. El lenguaje permitió encontrar una expresión eficaz a la proposición no conforme de Sócrates y también crear una exigencia a la que hay que conformarse, y que puede amenazar las almas. En *Aventuras de las ideas*, Whitehead va a asociar la ambivalencia de esta eficacia particular de las entidades que Platón llamó Ideas.

> «La noción de conocimiento puro, es decir, de entendimiento puro, es completamente ajena al pensamiento de Platón. La época de los profesores aún no había llegado. A sus ojos, la recepción de las Ideas estaba intrínsecamente asociada a un fermento interior, a una actividad de sentir subjetivo que es al mismo tiempo goce inmediato y apetición que se resuelve en acción. Ese es el eros de Platón, quien lo sublima en la noción del alma gozando su función creativa suscitada por su recepción de las ideas. La palabra Eros significa "Amor" y, en *El Banquete*, Platón explicita progresivamente su concepción final del apetito hacia la perfección ideal».

Y Whitehead agrega inmediatamente después, sin mayores comentarios:

> «Es claro que habría debido de escribir un diálogo paralelo, que podría llamarse *Las Furias*, y que habría insistido en los horrores agazapados de la realización imperfecta».[25]

Es importante recordar que las Ideas, aquí, no son sino otro nombre para las proposiciones. Las Ideas nacieron en ese medioambiente particular que constituía Atenas, donde los jóvenes rivalizaban en duelos argumentativos que les valieron el nombre de «sofistas».[26] A ellos, Platón les atribuyó el rol de distinguir al filósofo, aquel que tiene acceso a las Ideas, de todos los demás, que juegan con las palabras y se aprovechan de las falsas apariencias. Al asignarle a la filosofía la tarea de velar por nuestros modos de abstracción,

---

[25] AI, pp. 200-201 (ingl., p. 148).
[26] Véase Gilles Deleuze y Félix Guattari, *Qu'est-ce que la philosophie?*, Éditions de Minuit, París, 1991, principalmente pp. 9-10, para ese medio de iguales y amigos en relación de rivalidad.

Whitehead escribió en efecto otra nota al pie de página al texto de Platón, una que remite al diálogo que nos advertiría del formidable poder de las Ideas, el de poder hacer de nosotros unos seres furiosos. Pero que ese diálogo no haya sido escrito no tiene nada de verdaderamente sorprendente. Las Ideas fueron bautizadas así por quien las realizaría en tanto armas de guerra en contra de aquellos que fueran acusados de utilizar el lenguaje para seducirnos y timarnos. Incluso los poetas. Whitehead, para quien la poesía estaba emparentada con la filosofía, habría sido identificado claramente por Platón como un sofista.

Pero las ideas han ido, para bien o para mal, tras sus aventuras, y como Whitehead hemos aprendido que la idea que activa también puede devorar, que ser tocado por una idea es correr el riesgo de ser poseído, de volverse presa, de perder ese modo de funcionamiento llamado alma. Pensemos en esos «profesionales», incapaces de pensar delante de quienes pagarán el precio de la abstracción que se alimentará de ellos. La idea, para ser realizada sin volver furioso, necesita ser «entretenida», no enrolada —Whitehead emplea seguido el término *entertainment*, ya sea para las ideas, para los posibles, para lo que pide ser realizado, y no está de más recordar que etimológicamente esa palabra deriva también del arte de la hospitalidad—.

En tanto proposiciones no conformes, las Ideas no son ni buenas ni malas. Tienen el poder de tocarnos y solicitan una realización que ha sido llamada pensamiento. Y el diálogo que Whitehead deplora que no haya sido escrito podría haber tratado sobre la necesidad de degustar, de discernir —como saben hacer los cuáqueros—, de estar vigilante en cuanto a la manera en que nos dejamos tocar y la manera en que ese tacto nos hace pensar.

Donna Haraway me enseñó a pensar como «tentacular»[27] el tocar/ser tocado asociado a la voz media. Sus tentáculos hacen del pulpo un ser particularmente sensible a su mundo, al que palpan, solicitan, exploran, pero también son susceptibles de capturar y de asfixiar. La idea que solicita al matemático lo lanza a la aventura. Pero la idea cuya realización está asociada al poder de combatir la confusión y la

---

[27] Donna Haraway, «Une pensée tentaculaire. Anthropocène, Capitalocène, Chthulucène», *Vivre avec le trouble*, Éditions des Mondes à faire, Vaulx-en-Velin, 2020.

falsa apariencia suscita la movilización que anestesia. Es, sin duda, por eso que las proposiciones metafísicas de Whitehead funcionan en zigzag, activando al pensamiento pero sin darle nunca el poder de definir, es decir, de apropiarse de lo que ha sido propuesto.

Pero la cuestión ya no es aquí solamente lo que Whitehead llamaba civilización, ni ese universal llamado el individuo humano, el que revindica tener un alma. Tanto la biología como la antropología nos piden hoy que consideremos a ese individuo como una particularidad. Para los biólogos, lo que juzgábamos «normal», un individuo en su medio, ya no tiene nada de evidente. Y los antropólogos, cuando dejan los territorios conquistados por la modernidad, se dirigen más bien a «personas», que caracterizan a la manera de lo que yo llamo lo obtenido, cuyo valor propio es inseparable de los vínculos y alianzas que la sitúan, y de las obligaciones que esos vínculos y alianzas son portadores. Una versión tentacular del orden «personal» whiteheadiano podría aquí ser pertinente, pues cómo devenirá una persona es una pregunta que nos concierne tanto a nosotros como a los pueblos que han cultivado esa pregunta de modos diferentes: nosotros nos definimos en contra de esas culturas y hemos acumulado aporías prácticas, de las que estamos orgullosos, que sin excepción designan un «hacerse a sí mismo». ¿Y si tomarse en serio el carácter tentacular de aquello que demanda «devenir una persona» implicara una cultura de la entretenimiento con aquello que llamaría seres sin más caracterización, porque la manera de caracterizarlos es relativa al agarre y a la metamorfosis que requiere ese agarre?

Palabras de un indígena omaha que se entretuvo con algo que, para los modernos incluyendo a Whitehead, sería un bloque de piedra incapaz de oírlas:

«Impasible desde un tiempo sin fin
Descansas allí en medio de los senderos
En medio de los vientos descansas cubierto de guano de pájaros
La hierba crece a tus pies, tu cabeza está ornada con plumas de pájaro
Descansas en medio de los vientos
Esperas, tú, el Viejo».[28]

[28] El testimonio fue recogido por Kenneth Lincoln, «Native American Literatures», en *Smoothing the Ground: Essays on Na-tive American Oral Literature*, Brian Swann (ed.),

El que habla así se dirige a una roca en tanto ser, es decir, de un modo que no dudaríamos en llamar animista. Pero el animismo, en nuestra civilización, es sinónimo de adhesión a una creencia abiertamente añeja. Si la tarea de la filosofía, en el sentido que da Whitehead, no es transcender nuestra civilización, ¿podrá no obstante problematizar los juicios? Allí donde el humor no tiene eficacia, ¿podría la voz media que asocié a la metafísica whiteheadiana resquebrajar los muros que excluyen lo que, para nosotros, «evidentemente» no tiene «alma»? ¿Podemos dejarnos tocar, ser comprometidos a sentir y pensar, por las palabras del indígena?

Cuando se trata de arte, de una estatua de piedra, por ejemplo, sabemos que lo que se nos demanda es «dejarnos tocar». Cuando estamos confrontados al dolor, a la decepción, al desarraigo, sabemos que la manera en que haremos una respuesta a lo que irreprimiblemente nos toca, implica una historia riesgosa, como lo atestiguan los profesionales de la salud, por ejemplo, que juzgan necesario mantener una distancia emocional y permanecer en sus roles; incluso —y es entonces cuando corren el riesgo de volverse torturadores— a costa de justificar el rol y la distancia con un juicio teórico («de todos modos ella está "demente"», o peor, «es una especie de trampa que se tiende a sí misma, inconscientemente»). Aquí, se trata de dejarse tocar de un modo en relación al cual estamos usualmente «blindados». El juicio «ese indígena es animista» podría, en el mejor de los casos, ser modulado por una nostalgia, una vaga empatía poética, pero excluirá la duda: la piedra es indiferente a la palabra del indígena.

Es cierto que el omaha no se dirige a una roca, sino a *esa* roca, en *ese* lugar, donde descansa, inmemorial, y es partícipe inseparable de otros seres con quienes lo comparte —vientos, aves, hierba, viajeros por el camino—. Imaginar un buldócer, para el cual la roca no es más que una masa pesante, es imaginar la destrucción de ese lugar, un «hecho consumado» según la expresión de la anciana reputada demente, y no contar en nada con quienes le tienen apego. Sabemos que «no se trata más que» de hábitos. La noción de «culturas

Berkeley, University of California Press, 1983, y citado por David Abram, *Comment la terre s'est tue. Pour une écologie des sens*, Les Empêcheurs de penser en rond/La Découverte, 2013, p. 99.

tradicionales» va en el mismo sentido: el respeto que eventualmente les debemos marca su fragilidad, su dependencia a valores de conservación; esto significa también que la elección de salvaguardarlos
nos pertenece a nosotros, los humanos tolerantes que nos juzgamos
en casa en todos lados.

«Es importante saber cuáles son los pensamientos que piensan
pensamientos ».[29] Hagamos de este enunciado de Donna Haraway
un talismán contra las Furias, y que nos fuerce a pensar con las consecuencias de nuestros pensamientos. La cuestión aquí no es solamente dejarse tocar, sino volverse capaz de responder por la manera en
que pensamos la relación pensante que el indígena entretiene con la
roca. No es un azar que sea a una antropóloga, Marilyn Strathern, a
quien Haraway le debe ese enunciado, ni que otros antropólogos
contemporáneos, como Eduardo Viveiros de Castro, Helen Verran o
Lesley Green, hayan dado a la obligación que Whitehead asigna a la
filosofía —no explicar eliminando, ni privando a una experiencia de
su valor propio— un nuevo alcance. Del mismo modo que ciertos
documentalistas, antes que ellos, hicieron de la oposición «Ellos
creen/Nosotros sabemos» una falta profesional y rechazaron cualquier pasaporte que pudiera permitirles sentirse en casa en todas partes y afirmar que «nada de lo que es humano nos resulta ajeno». Lo
que Eduardo Viveiros de Castro caracterizó como un trabajo de
«descolonización del pensamiento»[30] implica entonces resistir a las
tentaciones de la «mala fe antropológica»,[31] privarse deliberada-
mente de los recursos que permiten interpretar lo que dice el omaha
de un modo aparentemente respetuoso, pero que en realidad vuelve
a negar la autoridad de ese indígena respecto a la naturaleza de sus
compromisos con el mundo.

El punto no es inclinarse ante esa autoridad, no hay aquí ciencia
experimental, testimonio fiable en cuanto a la manera en que una
roca puede ser definida. Se trata de una práctica exigente de la imaginación crítica: si el pensamiento que piensa el pensamiento del

[29] Donna Haraway, *Vivre avec le trouble*, Éditions des Mondes à faire, Vaulx-en-Velin,
2020 (ingl., p. 34).
[30] Eduardo Viveiros de Castro, *Métaphysiques cannibales*, PUF, París, 2009.
[31] Brit Ross Winthereik y Helen Verran, «Ethnographic Stories as Generalizations
that Intervene», *Science Studies* 25, 2012, pp. 37-51.

indígena aspira, de una manera u otra, al poder de situar al indígena, de «comprenderlo» mejor que lo que él mismo se comprende, este deberá ser cuidadoso, deliberado y conscientemente problematizado no como «culpable» sino como «trivial», en el sentido de los matemáticos, que traducen el fracaso de una puesta en problemas cuando encuentran algo que ya se conoce.

Dejarse tocar no es, en ningún caso, intentar metamorfosearse en indígena, sino intentar conferir al indígena el poder de situarnos. Estamos ante lo que William James llamaba un acto voluntario, y es en ese sentido en que compromete, al hacer la distinción entre imaginación e imaginario. El acto fundamental de la voluntad jamesiana no es la decisión que toma un sujeto, es la tensión de la atención, el esfuerzo de hacer que importe un pensamiento a priori «inoportuno» o intruso, que va contra nuestras costumbres, y retenerlo «firmemente, a pesar de la cohorte de imágenes mentales seductoras que se levantan en contra suya y quisieran expulsarlo del espíritu. Así sostenido por un esfuerzo de atención determinado, metódico debiera decirse, el objeto ingrato no tarda en evocar a sus propios congéneres y asociados, y termina por cambiar completamente la disposición de la conciencia de la persona».[32]

Esta descripción de William James podría ser una aplicación de la metafísica whiteheadiana en su versión tentacular, es decir, apelando a un pensamiento de la voz media. El esfuerzo de «no rechazar» traduce un propósito, no una meta a alcanzar, es una respuesta a una insistencia subjetiva, no una decisión que se deba aceptar. En este esfuerzo, podríamos ver la preocupación que Whitehead asoció a los cuáqueros por aquello que se encuentra más allá de nosotros mismos. El presente, en que no conseguimos oír al indígena, se vuelve entonces pasado para un futuro que reinterpretará el sentido de esa limitación, que replanteará la manera en que el juicio «¡pero esto es animismo!» será acogido: otros pensamientos pensarán este juicio, que será ya no olvidado sino problematizado, separado del poder furioso de diferenciar pensamiento de creencia.

No se trata del triste relativismo del «que cada cual piense a su modo», un relativismo sin esfuerzo, irónico, avatar de la bifurcación

---

[32] William James, *Précis de psychologie*, Seuil, París, 2003, p. 417.

de la naturaleza. De lo que se trata es de reconocerle al omaha el poder de situarnos, que no es el poder de hacernos reconocer que él sabe «mejor que nosotros» lo que es «verdaderamente» una roca. Somos nosotros los que no podemos impedirnos pasar de la experiencia a la pregunta por aquello de lo cual esa experiencia es, o no es, el testigo fiable. El indígena no pide tanto. Se preguntaría más bien qué es lo que nos ocurre cuando nos hacemos semejantes preguntas. Y en efecto es, tal vez, la versión tentacular de la pregunta que nos toca puede forzarnos a pensar: ¿qué nos pasó? ¿por qué hicimos esto? ¿Qué pensamiento nos hace pensar los pensamientos de los otros de un modo que hace de nosotros los amos del sentido por atribuir a nuestra experiencia y a la de ellos? ¿Qué es lo que les ha dado a nuestras ideas ese poder furioso?

¿Qué nos ha dado? La formulación importa, debemos desconfiar de las fábulas modernistas que trivializan la celebración de la grandeza del Hombre y la denuncia de Su culpabilidad —pensamientos «prêts à porter» que indefectiblemente nos dan respuestas triviales, que confirman nuestra eminente responsabilidad y dan a los otros el rol de víctimas, al precio de adornar a esas víctimas con la inocencia que hemos perdido[33]—.

Es el gran interés de la proposición que le debemos a David Abram de tentar pensar lo que nos ha ocurrido en el modo de una intriga, no de un pecado, y eso a partir del punto que he planteado como neurálgico: Whitehead, sin dejar de luchar con el empirismo humeano, hizo del cuerpo aquello que aporta la experiencia más íntima que requiere su metafísica, pero abandonó a Hume y su percepción convertida en

---

[33] Véase para una aproximación no romántica de lo que llamamos animismo el libro de Nastassja Martin, Les Âmes sauvages (La Découverte, París, 2015). Martin no describe buenos salvajes animistas dotados de una inteligencia nativa de los equilibrios naturales, sino que desencripta el carácter problemático de las relaciones que entretiene el cazador con su presa, relaciones metamórficas que siempre pueden bascular en fascinación, en invasión, en indistinción entre sí y el otro, en «alienación» (no en el sentido crítico, sino en el sentido en que los que hoy llamamos psiquiatras eran en el siglo xix médicos alienistas). El pueblo Gwich'in en Alaska está atrapado entre las tenazas del calentamiento climático, el asalto de las industrias extractivas mineras y petroleras, y los intentos de management de los «defensores de la naturaleza». Pero su mundo nunca fue un mundo «tradicional», estable, es un mundo de inherentes metamorfosis, incertezas y amenazas de destrucción.

el triunfo de la abstracción, es decir, poniendo a la «naturaleza exterior», tal como es percibida, bajo el sello de una asimetría radical: yo percibo/ella es percibida. Contra Hume, que negaba que fuera «por los ojos que vemos», Whitehead había evocado a los oculistas y a las ligas antiprohibicionistas; Abram, por su parte, ejerció el antiguo arte de la prestidigitación, lo que le permitió tejer vínculos con los chamanes indígenas que apreciaron esa práctica en tanto que entendidos.

«¿Es "verdad" o es solo una ilusión?» es la pregunta que «lo que hemos hecho» nos lleva a plantear de manera casi automática. Si hubo un vínculo entre los chamanes y el prestidigitador, puede que se haya tejido en el rechazo de tomar esta pregunta a lo trágico. La práctica de los prestidigitadores es el arte de «manipular» los sentidos y beneficiarse de las abstracciones perceptivas, y pueden hacerlo porque —como lo reconocen hoy los neurocognitivistas[34]— los sentidos están comprometidos «con» las cosas. Seducir y ser seducido, atraer y ser atraído, solicitar y responder a una solicitación, esa reciprocidad designa, según Abram, el aparato sensorial como «hecho para la relación» y no para la observación despejada en primer lugar. Hay que tomarse en serio lo que decimos: «Esa roca atrajo mi atención». El objeto sensible no está disponible a la prensión sensible, propone, promete, invita, solicita, induce, incluso captura.

«Cada presencia me invita a concentrar mis sentidos en ella, a dejar, cuando me comprometo en su profundidad particular, los demás objetos fundirse en el plano de fondo. Cuando mi cuerpo responde de esa manera a la muda solicitación de otro ser, ese ser responde a su turno, revelando a mis sentidos nuevos aspectos o nuevas dimensiones que, a su turno, me invitan a una exploración acrecentada. A lo largo de ese proceso, mi cuerpo sintiente concuerda con el estilo de esa otra presencia —a la manera de esa roca, de ese árbol o de esa mesa— mientras que ella misma por su parte pareciera ajustarse a mi estilo y a mi sensibilidad. Así, la cosa más simple puede volverse para mí un mundo,

---

[34] Stephen L. Macknik, Susana Martinez-Conde y Sandra Blakeslee, *Sleights of Mind: What the Neuroscience of Magic Reveals about Our Brains*, Profile Books, Nueva York, 2011.

mientras que, recíprocamente, esa cosa o ese ser viene a ocupar más profundamente un lugar en mi mundo».[35]

David Abram encontró en los textos del filósofo Maurice Merleau-Ponty testimonios inspiradores para una reciprocidad, diría yo, tentacular entre sintiente y sentido, entre vidente y visto, entre tocante y tocado. Y él mismo tuvo la experiencia metamórfica, lejos de las ciudades, de una relación de coanimación que desafía al desmembramiento entre voces activas y pasivas. Fue como una anestesia que se hubiera ido, como si una relación se hubiera regenerado, sentido, despertado, y en ningún caso efectos de creencia «proyectados» sobre un mundo que, por su parte, seguiría siendo lo que es y que se ofrecería a nuestro punto de vista.

Sin embargo, si nuestro aparato sensorial, participativo, nos convierte en «animistas», ¿qué nos ocurre a nosotros que estamos tan orgullosos de no serlo? ¿Cómo narrar la historia que permitió al enunciado «la percepción es el triunfo de la abstracción» ganarse su plausibilidad? El gran interés de la hipótesis de David Abram es enseñarnos a asombrarnos al respecto, en lugar de contar la gran historia de un desencantamiento progresivo que nos separa irremediablemente de nuestros orígenes. Animistas fuimos, *y animistas somos todavía*, e incluso más que nunca. La participación, o la concordia «con» las cosas, aquello por lo que se animan y que nos animan de vuelta, no ha sido interrumpida —y no podría serlo—, pero ha cambiado de sitio. Lo que nos ha «ocurrido» no es más que una nueva relación de intensa coanimación surgida entre el aparato sensorial y la escritura alfabética —la única escritura que permite a las palabras imponérsenos como irreprimiblemente autosuficientes, como si «quisieran decir» algo—.

«Cuando aprendemos a leer, debemos romper la participación espontánea de nuestros ojos y de nuestros oídos con el entorno (en donde convergían sin cesar en un encuentro cinestésico con los animales, las plantas, los ríos), con el fin de que esos sentidos pudieran empalmarse de un modo nuevo: en la misma superficie plana de la página. Así como

[35] David Abram, *Comment la terre s'est tue. Pour une écologie des sens*, Les Empêcheurs de penser en rond/La Découverte, 2013, p. 79.

una vieja mujer zuñi, una anciana, concentra su mirada en un cactus y oye al cactus hablar, nosotros concentramos nuestra mirada en las huellas impresas e, inmediatamente, oímos voces (…). Es una forma de animismo que damos por sentado, pero no es por ello menos animista ni menos misterioso que una piedra que habla. Y, en realidad, las rocas callan solamente cuando una cultura desplaza su participación hacia esas letras impresas. Solamente cuando nuestros sentidos transfieren su magia vivificadora a las palabras escritas, los árboles se vuelven silenciosos y los demás animales, bestias».[36]

Según Abram, nosotros, los letrados, seríamos animistas, y lo serían asimismo el conjunto de humanos que viven en nuestro mundo llamado civilizado, donde la señalética está por todos lados, indica qué hacer y adónde ir, donde los semáforos que encienden la luz roja nos impelen a frenar y los ideogramas nos aconsejan no equivocaros de WC. Vivimos un mundo que se deja leer, pero no podemos extrañarnos de ello, pues los textos y las señaléticas son percibidas como expresivas de una intención, la del autor, aquel que puso en ese lugar esa señal bajo el signo de un «quiere decir». Vivimos en un mundo urbanizado (civilizado), es decir, parlanchín, saturado de una intencionalidad que nos hace hacer, sentir y pensar. Y es precisamente esa intencionalidad, ese querer decir, aquello que no podemos atribuir a una roca. Con razón, por lo demás, pues incluso para nosotros la pregunta «¿cuál es tu intención en esto?» no es neutral, y puede ser incluso tan agresiva como «¿y cómo defines esa palabra que estás usando?». Es una pregunta de confesores y psicoanalistas. Como diría Alicia, ¿cómo puedo saber lo que quiero decir antes de haberlo dicho? Whitehead estaría de acuerdo: el propósito no es la expresión de una intención.

Whitehead notó que «la influencia de la escritura sobre la psicología del lenguaje es un capítulo descuidado por la historia de la civilización (…). Desde luego, somos mucho más civilizados que nuestros ancestros que solo podían pensar el verde con referencia a una mañana de primavera en particular. No cabe duda alguna sobre nuestra mayor capacidad de pensamiento, de análisis, de memoria y de

[36] *Ibidem*, pp. 176-177.

previsión. No podemos sino felicitarnos vivamente por el hecho de haber nacido entre personas que hablan del verde haciendo abstracción de la primavera. Pero dicho eso, recordemos la advertencia: nada en exceso».[37]

A pesar de todo, el ejemplo que toma Whitehead es «letrado». El contraste que evoca es nuestro. Para dejarse situar por las palabras del omaha, hay que dejar de hablar de «nuestras» capacidades acrecentadas por la escritura, y de todo el aparataje simpoiético con el que nos hicimos lo que somos, y dejar de olvidar que una linda mañana de primavera, los «humanos no civilizados» miraban sin duda algo más que «verde».

No es asunto aquí de proclamar que la escritura es nefasta y hasta culpable, sino de aprender a no desconocer su potencia. En tanto filósofa, soy hija de lo escrito; una se vuelve filósofa por el encuentro con los escritos de otros filósofos. Pero no son las tesis adelantadas por esos otros filósofos aquello que compromete a ese devenir, sino —cuando hay efectivamente encuentro— la activación del sentir y del pensamiento por medio de aquello que les hizo hacerse preguntas, por medio de aquello que hace de ellos filósofos. Y asimismo con las matemáticas, con la literatura, con tantas otras prácticas que nacen de lo escrito y que tienen una potencia metamórfica. Pueden, como escribía Gilles Deleuze, «hacer de nosotros unas larvas»,[38] es decir, deshacer las intenciones y los hábitos de un «yo» que entonces ya no es «en el mundo», sino que está atrapado, aterido, «iniciado». En pocas palabras, expulsado de su posición de lector en voz activa, que desencripta lo que el autor le quiere hacer saber, y afectado del modo que asocié a la voz media.

La escritura no es más nefasta que nosotros culpables. Tal vez el omaha nos trataría de ingratos. Ningún mundo ha vuelto jamás a sus miembros tan dependientes de una multiplicidad de otros como lo ha hecho el mundo moderno. Y ninguno ha llevado tan lejos la ingratitud, y por tanto la imprudencia, hacia esos otros, incluso hacia ese otro que es lo escrito; ninguno ha cultivado hasta tal punto la sordera hacia lo que nos solicitan, ni ha transformado en derecho de

---

[37] MP, pp. 59-60 (esp., p. 50).
[38] Gilles Deleuze, *Différence et répétition*, PUF, París, 1972, p. 283.

propiedad lo que debemos a las relaciones tejidas con ellos (mi pasado, mi sensibilidad, mi pensamiento). Whitehead, en *La ciencia y el mundo moderno*, subrayó la importancia de una educación que cultive hábitos de «apreciación estética». Pero habría que pensar una educación que cultive las «entradas en relación» y las metamorfosis, que honre y nombre a aquellos con quienes hemos creado una relación, que sepa dar a probar aquello con lo que esa relación nos compromete.

Sin embargo, cultivarse «obligado», en vez de afirmarse con el derecho de exigir, es también deshacerse del tipo de seguridad que le pedimos al «derecho» cuando nos hacemos de la pregunta «¿a qué tengo derecho?» aquello que debería autorizarnos y permitirnos a ignorar las consecuencias. Una ontología de las solicitaciones tentaculares comunica con el sentido de una precariedad existencial que demanda lo que William James llamaba «consentimiento», la aceptación de los riesgos propios de la prensión tentacular. De allí donde contábamos con un mundo en que las cosas se conforman pacientemente con su rol y a nosotros con el nuestro.[39]

Vivir en las ruinas

Donna Haraway propuso una importante analogía entre su práctica de pensamiento y trabajo y el juego de hilos que se encuentra en casi todas partes del mundo.[40] Tiene que haber varias personas en este juego —una no trabaja sola, ni extrae sus ideas de sí misma—. A cada etapa, una figura de hilos es sostenida por una participante y hace de motivo para la otra, quien la asirá, y la primera se desprenderá de lo que sostenía en el movimiento mismo en que la otra ase los hilos, y produce una nueva figura. La sucesión de asires y soltares —hacer

[39] Le debo a mi cómplice desde hace años, Olivier Hofman, el pensamiento del precariado como arte de vivir sin la protección de lo que pretende pensar en nuestro lugar. «Precarios mientras vivimos en una Tierra que también lo es, podemos sentir y ser sentido/a/s, probar y serlo, ver, oír, tocar y serlo. Atravesamos un Medio que nos atraviesa».

[40] Donna Haraway, *Vivre avec le trouble*, Éditions des Mondes à faire, Vaulx-en-Velin, 2020.

prensión de lo tendido, movimiento emprendido por quien responde al ofrecimiento, mientras la otra, quien ofrece, permanece inmóvil y se desprende del entrelazado de hilos por medio del anterior, lo que permite a la nueva figura desplegarse, es decir, quedar expuesta, susceptible de crear un motivo para una nueva prensión— puede evocar el tejido indescomponible de la ocasión actual de Whitehead. Pero propone también otra figura de «la vida»: una figura tentacular que no dramatiza la capacidad de duración de la figura compuesta, sino el paso del relevo en que esta figura sirve de motivo o proposición y suscita una continuación que también es metamorfosis.

La versión tentacular que, tentado de la metafísica whiteheadiana, no contradice las figuras ontológicas tramadas por Whitehead, sino que retoma de otra manera los hilos que tiende su metafísica. Toda ocasión naciente era situada por Whitehead en relación con una proposición de conformidad social. Desde luego, no negaba ni los entrelazamientos ni las interdependencias entre sociedad: en *La ciencia y el mundo moderno* reprochaba, de hecho, a los sucesores de Darwin el haber ignorado la cooperación entre organismos que se ofrecen mutuamente un entorno favorable.[41] Sin embargo, el hecho mismo de que haya seguido hablando, en *Proceso y realidad*, de «filosofía del organismo» marca claramente la importancia que él daba al logro de «mantenerse juntos» de una sociedad, desde el átomo hasta las sociedades animales o humanas, a la reiteración de aquellos que la componen de sus «así y no de otra manera» y al medio caracterizado ante todo por su «paciencia» con esa reiteración. En contraste, cuando Haraway habla de «fábrica de mundos» (*worlding*), son el «con», el «por», el «gracias a», el «al riesgo de» lo que importa: nunca un mundo es «mi mundo», sino aquel, entrelazado, en el que estoy activamente comprometida, con el cual estoy prendida y que me prende, me solicita, me propone, me «motiva», al riesgo del cual pertenece mi manera de vivir y morir.

Entre las versiones organísmica y tentacular no hay contradicción, sino maneras diferentes de hacer importar. Hume, Newton, Kant, la biología del organismo y el declive de la civilización hacían de motivo para el pensamiento de Whitehead, pero el relance que he

---

[41] CMM, pp. 137-138 y pp. 237-238 (esp., p. 139 y pp. 237-238).

intentado aquí de lo que propuso se asió de lo que proponía pero con otro propósito. El pasado que hubo que heredar no es solamente la derrota del sentido común, es también la destrucción, en el mundo entero, de los dispositivos que he llamado generativos. Tomé el relevo de lo que propuso Whitehead para pensar menos en una derrota que en un estrago, y no por una elección soberana, sino porque de hecho así me dejé tocar por él: es la experiencia de «regeneración» —¡podemos tomarnos el derecho a pensar esto!— que suscita su lectura aquello de lo que quisiera volverme relevo y que terminé caracterizando con la figura de la voz media.

Esto me lleva a envolver con comillas el término «la civilización moderna», que obró la destrucción de dispositivos cultivados por pueblos para quienes el lenguaje no comunicaba con el «querer decir» intencional, sino que participaba sin cesar en la fábrica reiterada de mundos siempre precarios. De hecho, la manera con que retomé a Whitehead no es «mía», es actuada por la situación en la que estamos hoy. Se puede decir que a la pregunta por la decadencia de nuestra civilización le sucede la pregunta por una debacle. Ya podemos oír los crujidos y las grietas de los glaciares que desencajarán el suelo que teníamos definido como seguro.

Mentes claras anuncian que hemos entrado en el Antropoceno, la Edad del Humano, aquel que descubre que Él impactó al mundo de un modo tal que la misma historia planetaria se vio afectada. No mencionaremos otros estragos remarcables, han sido accionadas dinámicas entrelazadas, indomables, susceptibles de destruir el hábitat de innumerables especies. La Edad del Humano, en los hechos, está en curso de terminar[42] y no puede responder sino con mitos trillados: el Humano que se descubre responsable y se elevará a la altura de sus responsabilidades, así logrará dominar lo indominable (geoingeniería); o entonces, abandonando su destrozada cuna, migrará hacia otros planetas por «terraformar», o incluso, conseguirá desunir su civilización de los flujos materiales y energéticos de los que depende e irá a vivir «sin suelo» gracias a los milagros de la tecnología.

---

[42] Véase acerca de esto y otras cosas más en Déborah Danowski y Eduardo Viveiros de Castro, «L'arrêt du monde», en Émilie Hache, *De l'univers clos au monde infini*, Éditions Dehors, París, 2014.

O, desde luego, será el fin del mundo en castigo por nuestra arrogante desmesura.

Se puede decir sin embargo que, en unos pocos años, los modelos climatológicos han permitido «encontrar mucho más» acerca de lo que hemos llamado la naturaleza. Hacen proliferar agentes cuya eventual sensibilidad de unos con otros acarrea consecuencias que obligan a esos investigadores a deshacerse velozmente del conjunto de abstracciones que antes estaban implicadas en la estabilidad perenne de la Tierra. Pero encontrar más, y aun explicar lo que está ocurriendo, no tiene mucho que ver con volverse capaz de responder.

Por su abstracción, al contrario, los modelos climáticos pueden dejarnos pasmados. Así, se oye bastante el anuncio de que, según sus cálculos, en 2050 será «demasiado tarde» para tentar de evitar lo peor; es como si se anunciara el «momento de la verdad», el veredicto que nos condenará. Olvidamos que otros pueblos ya vivieron, por nuestras acciones, oscuras debacles sin otra verdad que la de la destrucción de sus mundos.[43] Y también olvidamos que, aun si fuéramos capaces de escapar de lo peor, nuestros descendientes tendrán que vivir sobre una Tierra envenenada, agotada, con un clima profunda y duraderamente perturbado, una Tierra de la que habrán desaparecido una buena parte de los seres vivos. «Después de 2050» no será el cierre de cortinas, no es el final de la obra. Lo que se anuncia es, sin lugar a duda, la necesidad de aprender a «vivir entre ruinas», según la expresión de Anna Tsing.[44]

Para muchos, que acogen, sin mucha dificultad por lo demás, la perspectiva de un fin del mundo, es un pensamiento «intruso» en el sentido de William James. Se requiere un esfuerzo deliberado para

---

[43] Aqulí también véase *Ibidem*.

[44] Anna Tsing, *Le Champignon de la fin du monde. Sur les possibilités de vie dans les ruines du capitalisme*, Les Empêcheurs de penser en rond/La Découverte, París, 2017. Hay que precisar que las ruinas dejadas por las operaciones capitalistas de extracción no son, aquí, sinónimo de erradicación de la vida: ocurre que sean la oportunidad, al darle una suerte a nuevas zonas de contacto, de encuentros transformativos que hacen emerger una socialidad «más que humana»: ensamblajes polifónicos en que los humanos son parte interesada, no los que conciben. Pero Tsing nos advierte, a diferencia de los delegados estatales, al capitalismo de la captación (*salvage capitalism*) no le aterrorizan las ruinas.

guardarlo en la mente y permitirle evocar a los «congéneres y asociados» que podrían darle consistencia. La versión tentacular que he ensayado aquí de la metafísica de Whitehead participa de ese esfuerzo. Es neutra en cuanto a la posibilidad de que en 2050, o incluso a partir de hoy, debamos concluir que es «demasiado tarde», ya que tenemos que pensar delante de aquellas y aquellos que indefectiblemente viven hoy o vivirán mañana entre ruinas, delante de innumerables vivientes, humanos y no humanos, que de alguna u otra manera van a continuar viviendo y muriendo en esta Tierra, más allá de lo que concluyamos. Y eso crea lo que William James llamaba una «opción verdadera», una opción que no es posible evitar bajo el pretexto de que los dados están lanzados. De una u otra manera, los habitantes de las ruinas heredarán lo que les leguemos, incluso si no podemos prever lo que harán con ese legado, un poco como en el juego de los hilos, estamos comprometidos por las figuras que nos volveremos capaces de proponer, algo así como en el juego de hilos.

Así que ya no estamos en las calles de Atenas, ni tampoco en esa época violenta en la que Leibniz soñaba con su *dic cur hic*, una razón filosófica capaz de plegar las razones furiosas que por entonces justificaban guerras y masacres. Ya no es el discurso de los que saben, sino la situación misma aquello que desafía al «sentido común», y hay como un oscuro sentimiento de obscenidad en pedirle al «ladrón», que despoja las chances de futuro de un sinnúmero de vivientes, que encuentre una justificación. Crear una opción en contra del conjunto de perspectivas, justificaciones e historias que justificarían nuestra civilización no es demostrar que todo eso es falso. La opción de aprender, desde hoy, a vivir entre ruinas es la opción de aprender a pensar sin la seguridad de nuestras demostraciones y consentir a un mundo que se ha vuelto intrínsecamente problemático.

Y entonces, ¿tan lejos estamos del sentido común que rumia? No tan lejos, según la hipótesis de David Abram, para quien el efecto torpedo atribuido a Sócrates atestigua del carácter novedoso, anonadante, de preguntas fuera de suelo, fuera de circunstancias, fuera de memoria. Los niños en las escuelas son susceptibles de ser torpedeados de forma similar: sí, es cierto que pasar de la práctica de dividir una torta entre tres comensales a la comprensión de qué es lo que nos requiere la fracción 1/3 puede despertar un mundo nuevo, pero no es la manifestación de una capacidad abstracta en oposición a un saber hacer concreto. Será el logro eventual de una verdadera metamorfosis, una operación siempre riesgosa, ya que tanto ese niño que no entiende como esa profesora que no comprende que la niña pasmada pueda no entender pueden, como Haraway y Cayenne, volverse locas la una a la otra. Si para los griegos las matemáticas fueron entendidas como lo transmisible por excelencia, lo que una vez comprendido se da por sentado, es porque la entrada en relación con un ser matemático es una captura amnésica, al igual que con la escritura —es lo que hoy se llama una «competencia»[45]—. Está adquirida, se dice de una competencia, ¿pero quién adquiere a quién? *I got it*, se dice en inglés, aunque podría decirse también *It got me*.

Pero aprender a vivir en las ruinas no es asunto del sentido común en el sentido que lo entendía Whitehead, el de los humanos civilizados, habituados a que las cosas (o en Atenas, los esclavos) funcionen para ellos, sin ellos. No hay otra definición de lo que se entiende aquí por ruinas que la ausencia de garantías, de derecho a «contar con». El que diga ruinas dirá entonces aprendizaje del arte de la atención en un mundo que ya no se conforma con los roles que nuestras costumbres le asignan, donde nada, por derecho, está dado por sentado, donde debe cultivarse el consentimiento a una precariedad que no tiene por supuesto nada que ver con aquella, obscena, que produce el imperativo económico político de la flexibilidad generalizada.

El arte de la atención es arte de la voz media, un arte tentacular, pues se trata de dejarnos tocar, de conferir a lo que nos afecta el poder de hacernos sentir y pensar, y eso siempre «aquí», jamás «fuera del suelo». Los ritos y las iniciaciones de esas «tradiciones», que Whitehead asimilaba al mantenimiento de una conformidad social, ¿no podrían ser reconocidos como una zona de contacto con el suelo generativo de ese arte o como el suelo que hay que cuidar para recibir de él la capacidad de cultivar, entre ruinas, maneras de vivir que no sean reducibles a la simple sobrevivencia? El cuidado de los hilos entrelazados, cuidado con los motivos con que componen y recomponen, cuidado con la manera en que esos motivos hacen sostenerse a

---

[45] Véase Marcelle Stroobants, «Transduction. L'apprentissage comme métamorphose», en Didier Debaise e Isabelle Stengers (dirs.), *Gestes spéculatifs*, Presses du réel, Dijon, 2015.

la situación: aprender a vivir en las ruinas es aprender a hacer existir «sentido en común» dentro de un medio tentacular en el que ninguna significación ni convención se adquiere jamás.

Ese «sentido común», ese sentido de la situación común como problemática, no designa solo a los humanos, sino al conjunto que participa en esta vida entre ruinas. Podría objetarse por supuesto que problematizar es un arte humano. Si entendemos por ello examinar la legitimidad de una posición —poner a prueba sus razones y en cuestión las de los otros, en resumen, comportarse como un ciudadano que habla en el ágora o como un filósofo que escribe una crítica a los argumentos de un colega—, sin duda así es. Pero si las artes de la composición nos enseñan algo, desde la práctica de palabras hasta los procedimientos inventados por los activistas norteamericanos para crear entre ellos lo que llaman consenso, un sentir juntos la manera en que una situación afecta a cada uno, es que aquello que debe ser evitado es muy precisamente lo que este régimen discursivo hace por determinar un vencedor y un vencido. Las artes de la composición son artes de la lentitud, artes que excluyen, una vez planteado un enunciado, toda interpretación que remonte a las intenciones del enunciador o a lo que «quiso decir». Nadie debiera contestar ni defenderse ni hacer prevalecer una significación, y no por cortesía, o entonces sería una cortesía hacia el enunciado mismo, que debe ser acogido en tanto no perteneciente a nadie, en tanto surgido de la situación, en tanto que contribuye a la composición de esa situación si es retomado por otros.

Podríamos decir que el arte de la palabra es un arte de la problematización colectiva y situada, que activa lo que Whitehead llamaba una «compulsión de la composición».[46] Podría hablarse aquí de una composición sin compositor, y ciertamente sin posición de trascendencia para evaluar aquello que ha tomado realidad. El único criterio es inmanente y remite al «saber gustar» de aquellos cuya participación ha transformado. Pues transforma, pero no convierte, porque no se trata de un acuerdo que trasciende las divergencias sino de lo obtenido situado, de una transformación de las divergencias en dimensiones entrelazadas por la situación misma, una situación a la

---

[46] MP, p. 138 (esp., p. 139).

cual se trata de consentir sin soñar con reducirla a un problema que imponga los términos de su solución.

Desde el punto de vista ontológico, aquello que hace lo común ya no sería entonces el mantenimiento de una conformidad social, sino la continuación de esa composición que Haraway llama simpoiética. En realidad, Whitehead abrió ese camino con la noción de proposición, si recordamos que las proposiciones whiteheadianas tienen una relación solo contingente con el lenguaje humano y que la eficacia proposicional es ante todo del orden de un señuelo para el sentir. La proposición es proposición de un «hacer sentido» / «hacer sentir» / «hacer motivo». Pero, aunque es admitida en el sentir, no dice cómo hará sentir, ni qué significación será dada a lo que hace sentir ni a lo que motivará. Las proposiciones son vectores de parcialidad y, en tanto tales, son requeridas por las maneras de hacer contar o de hacer importar movilizadas en toda relación, pero que no determinan la significación de la relación. La pertenencia a un común, a una composición precaria, siempre sin garantía, que entrelaza relaciones siempre por determinar, no implica una convergencia que enrola y unifica. La interdependencia, el «cómo» de la simpoiesis, no es una «causa» por defender. Como la perduración social, la interdependencia es del orden de «los hechos». El hecho es que cada compañero hace de proposición o motivo para otros, de a poco o en cascada, *pero siempre cada uno a su manera*. En revancha, lo que puede ser defendido contra cualquier apropiación es la pregunta «¿de qué nos vuelve capaces una pertenencia?», que es la incógnita de toda composición. Es la pregunta que busca cultivar las artes de la composición.

«Pero escucha», se implora a veces, no «compréndeme», tampoco «ponte a la escucha», sino «déjate modificar». Las súplicas implican típicamente a la voz media, pues su llamado es en contra de la sordera, del rechazo a probar, y es la misma sordera a la que se dirigen los dispositivos generativos. En ambos casos, el logro pone en juego la capacidad de dejarse tocar o desviar, y no de persuadir. En *Aventuras de las ideas*, Whitehead había celebrado el poder de las ideas, que implican la persuasión y no la fuerza. ¿Podemos hablar aquí de «idea»? Ciertamente no, en el sentido de que las condiciones propias de los dispositivos generativos exigen que nadie pueda vivirse a sí mismo como «teniendo una idea» de la que habrá que persuadir a los demás. Los desvíos entre perspectivas parciales y entonces divergentes se efectúan de modo tentacular, por medio de afecciones recíprocas, sin momentos dramáticos en que el acuerdo se impondría al mismo tiempo que sus razones. Aquí no hay drama, ya que las razones del acuerdo son la situación misma tal como ha recibido, gracias a las condiciones asociadas al dispositivo, el poder de hacer «sentido en común».

Pero las ideas no pueden ser excluidas, solo el furioso influjo en aquellos que son sus portavoces es temible. No hay nada incongruente en que seres, de los que nadie puede ser portavoz autorizado, sean partes interesadas en la situación común, participen de la generación de un sentido en común a través del modo de incidencia de los enunciados que suscitan su presencia. Hablar «en presencia de» no es «expresarse» («yo tengo derecho a defender mi idea»), es hablar de otra manera, condicionado por esa presencia. Pues incluso si su presencia es muda, aquello que se hizo presente es atento, y su atención obliga a ralentizar, a dejarse tocar, es decir, a modificar, de un modo que active el carácter tentacular de la situación.

Los dispositivos generativos tienen la eficacia implícita, o explícitamente cuando son retomados por quienes han degustado el poder furioso de las ideas, de demandar un uso de lenguaje que haga presentes a los seres concernidos por la toma de decisión. Los críticos dirían de este uso que es artificial, como dicen de los ritos. Son en efecto «hechos del arte». Pero solo se puede hablar de artificio en la medida en que se considere como «natural» el uso del lenguaje en «voz activa», la que expresa una idea que exige furiosamente su realización.

Al comienzo de este ensayo noté que la manera con que Whitehead caracterizaba al humano y sus locas empresas —el que «cruza el Rubicón»— había suscitado el fruncir de cejas de Haraway. De hecho, cuando el zigzag whiteheadiano activa la voz media, es, más que la del humano, la figura que yo llamaba el «emprendedor» la que me parece desde ahora dibujarse: de aquel para quien el mundo se encuentra definido según pueda contribuir o plantear problema, y hasta hacer obstáculo, a la realización de la idea, y verá como ilegítimo, «artificial», lo que perturba la capacidad de una argumentación, de una deducción o de una razón convincente.

El emprendedor está animado por un posible que le pide hacer abstracción de lo que podría comprometer su realización. El emprendedor no es culpable. Lo posible no está para proscribir. Las ideas no son para denunciar. La voz activa no está para ser perseguida. Solo la pretensión a la inocencia, a la legitimidad, sea quizá un veneno, un vector de anestesia, y, de hecho, intrínsecamente peligrosa si se trata de aprender a vivir en ruinas.

Seguir con el problema, según la fórmula de Haraway, podría ser lo que demanda una vida en las ruinas de lo que fue definido como civilización. El problema está desde entonces en todas partes, podemos saber todo, o casi, acerca de aquello que ha devastado nuestro mundo, pero eso no define la «solución», ya que la devastación y la reparación, o la regeneración, no son simétricas. Deshacer es una empresa bastante simple y, llegado el caso, es ciega hacia lo que hace y procede en nombre de una buena voluntad general o de un posible cautivador. Por su parte, regenerar nunca es un asunto general, ya que se trata de crear o de reactivar relaciones una por una, siempre tentaculares, siempre parciales, siempre por cultivar, es decir, relanzar bajo el signo de la ausencia de garantía, o también del dolor cuando la pérdida es irremediable.[47]

La realidad tentacular no tiene nada de encantadora. La vida tal vez no sea un robo, puede ser creación de simbiosis, composición de seres heterogéneos, alegría de la interdependencia, no menos que captura y parasitismo. Pero es en tanto tal, no en tanto «la única y completamente buena», que puede ser el motivo de historias que seremos capaces de transmitir a los que legaremos un porvenir precario, sin garantías, un porvenir que, en cualquier caso, no será un cuento de hadas en el que «todo sale y termina bien». Pero un porvenir que de todos modos plantea acerca de lo que requieren vidas «dignas de ser vividas»,[48] aun en las ruinas.

Esas historias comienzan a proliferar. Hoy, casi en todas partes, reaparece una vieja palabra: los comunes, a no confundir con los «bienes comunes». Y a no reducir a la «gestión en común» de un

[47] Véase Thom Van Dooren, *Flight Ways. Life and Loss at the Edge of Extinction*, Columbia University Press, Nueva York, 2014.
[48] Es la pregunta de William James en «La vie vaut-elle d'être vécue ?», en *La Volonté de croire*, Seuil, París, 2005.

recurso precario, que un uso irreflexivo e irresponsable podría destruir. Ciertamente, el hecho de que quienes tienen que lidiar con ese recurso sean inteligentes, sin tener necesidad de reglas impuestas, es en sí lo obtenido cuyo cultivo será valioso en las ruinas. Y, en efecto, la voz media trata del enunciado *There is no commons without commoning*, 'no hay común sin hacer en común', sin las prácticas que unen a las personas, que hacen de ellas *commoners*.[49] Pero este hacer en común no define a los comunes como exclusivamente humanos. ¿A qué podría despertar las sensibilidades de las y los que participan en su hacer en común? ¿Con quiénes se volverán capaces de hacer en común? ¿Quién participará? ¿Con quién se tratará de componer? No pertenece a la filosofía la responsabilidad de responder a esas preguntas, desde luego. Las respuestas solo pueden ser locales, situadas, prácticas, y si la pregunta misma puede ser cultivada, relevada, repercutida, es por el pueblo de relatos que suscitan la soldadura entre el sentido común y la imaginación.

Whitehead puede acompañarnos en las ruinas. Sin duda, de hecho, viene de allí la dificultad de los filósofos académicos para admitir que se trata de un filósofo «serio», quiero decir que sirva de argumento en sus disertaciones. El motivo que he tentado hacer surgir con los hilos tendidos por la metafísica whiteheadiana no reducirá sin duda esa dificultad, por el contrario. Pues la voz media, cuya insistencia intenté hacer pasar, conviene mal no solamente a las historias de la filosofía, sino a la filosofía contemporánea en tanto «posicionamiento» en el mercado académico, donde el filósofo-emprendedor hace valer «sus» conceptos. «Cómo pensamos, vivimos»,[50] escribió Whitehead, y no sé cómo esa vieja tradición que llamamos pensamiento filosófico podría contribuir a la vida en las ruinas. Una cosa me parece segura: ya no será a ella a quien irá a plantear el sentido común la pregunta por la coherencia, ya que pertenece a cada «hacer sentido en común» el reinventar el sentido de esa pregunta. Pero quizá la advertencia de Audre Lorde, «las herramientas del amo no desmantelarán la casa del amo», sea lo que la filosofía pueda aportar a la vida en las ruinas; ella, que probó y abusó de todos los venenos

---

[49] Véase David Bollier, *Think Like a Commoner*, New Society Publishers, Isla Grabiola, 2014.

[50] MP, p. 83 (esp., p. 78).

que fabrican los amos, que exploró todas las variaciones del «es esto
o el caos, lo arbitrario, la violencia, la traición». No hay duda de que
jamás estaremos saldados de la prensión tentacular de la idea que reclama ser realizada. Quizás todavía necesitemos la filosofía para
aprender a degustar, con un humor que no las insulte, las pasiones de
aquello que Whitehead llamó «aventuras de las ideas».